解读早期中国

大都无城

中国古都的动态解读

Early Form of the Capitals of Ancient China

许宏 著

生活·讀書·新知 三联书店

Copyright © 2016 by SDX Joint Publishing Company.
All Rights Reserved.
本作品版权由生活·读书·新知三联书店所有。
未经许可，不得翻印。

图书在版编目（CIP）数据

大都无城：中国古都的动态解读／许宏著．—北京：
生活·读书·新知三联书店，2016.5（2019.6 重印）
（解读早期中国）
ISBN 978 – 7 – 108 – 05534 – 7

Ⅰ．①大⋯　Ⅱ．①许⋯　Ⅲ．①都城（遗址）–研究–中国
Ⅳ．① K928.5

中国版本图书馆 CIP 数据核字（2015）第 221087 号

责任编辑	曹明明
装帧设计	康　健
责任印制	徐　方
出版发行	生活·讀書·新知 三联书店
	（北京市东城区美术馆东街 22 号 100010）
网　　址	www.sdxjpc.com
经　　销	新华书店
印　　刷	河北鹏润印刷有限公司
版　　次	2016 年 5 月北京第 1 版 2019 年 6 月北京第 5 次印刷
开　　本	880 毫米×1230 毫米　1/32　印张 8
字　　数	102 千字　图 94 幅
印　　数	23,001-28,000 册
定　　价	48.00 元

（印装查询：01064002715；邮购查询：01084010542）

目 录

引 子　1
　　不是"无邑不城"吗？　3
　　不得不辨的城郭名实　6
　　　　城与城址　6
　　　　城市与都城　7
　　　　城与郭（小大城、内外城）　8
　　　　宫城与皇城　9
　　大家都曾怎么说　10
　　　　俞伟超：合东周两汉为一大阶段　11
　　　　徐苹芳：秦汉都城是划时代变革　12
　　　　杨宽：两汉都城无外郭城说　13
　　　　刘庆柱：秦汉都城形制滞后说　14
　　城郭形态千年观　15
　　文献的视角：大邑无城墉　18

一　魏晋以降　城郭里坊　23
　　魏晋至隋唐　25

宋元明清　29

二　秦汉京畿　帝国霸气　39
　　西汉长安：城郭之辩　41
　　　　是城还是郭　41
　　　　城外有无郭区　45
　　　　东西两市究何在　50
　　　　朝向与轴线　53
　　　　设计思想探源　58
　　秦都咸阳：有城还是无城　60
　　东汉洛阳：最后的无郭之都　67

三　东周城郭　乱世独作　71
　　内城外郭话春秋　74
　　　　鲁都曲阜　75
　　　　齐都临淄　78
　　　　郑都新郑　81
　　城郭并立惟战国　85
　　　　齐都临淄　86
　　　　赵都邯郸　89
　　　　鲁都曲阜　94
　　　　韩都新郑　95
　　　　燕下都　100
　　　　东周王城与成周　108

楚都纪南城　115

　　西土模式看雍城　119

四　三代大都　王国孔武　123

　春秋："大都无城"的孑遗　125

　　东周王城　125

　　晋都新田　129

　　楚都纪南城　135

　　秦都雍城　137

　西周："守在四夷"的自信　140

　　周原　140

　　丰镐　147

　　洛邑　150

　　曲阜与临淄　153

　殷墟：重启数百年"无城"时代　155

　　洹北城（方壕）　160

　　洹南大邑　164

　二里岗：城郭"帝国"二百年　169

　　郑州城　173

　　小双桥　180

　　偃师城　184

　　周边城邑　191

　二里头："大都无城"的肇始　205

　　二里头　206

　　　　从围垣到环壕　　211

余论：晚出的大中轴线　　217

后　记　　249

引子

不是"无邑不城"吗？

在人类历史上，大概没有哪个地域、哪个族群的人，比生活在华夏大地上的诸族群更喜欢筑城了。"无邑不城"，只要人扎堆的地方就得围起来。卷帙浩繁的古典文献中，充斥着关于城与筑城的记载；广袤的神州大地上，也随处可见至今仍耸立于地面之上的斑驳的古城墙。至于湮没于地下，为考古工作者发现而重见天日者，更是比比皆是。可以说，城是这块战乱频仍的土地上的一大"特产"。

其中，让人印象深刻的是那些大都——庞大的都城，城墙高耸，壁垒森严。令人记忆犹新的是半个多世纪前还在的明清北京城，至今还断续可见的明南京城、元大都，淹埋于黄土下的北宋汴梁城，被考古学家移到纸面上的棋盘格似的隋唐首都长安城和东都洛阳城，等等。鳞次栉比的里坊或胡同，以及将它们圈围起来的高大城郭，构成了中古以后帝国都城最鲜明的物化表征。

不惟公众，学术界一般也把"无邑不城"作为中国古代都城的一个显著特色来加以强调："城墙是构成都城的基本政治要素，没有'城墙'的都城实际上是不存在的。"[1]"对于古代都城而言，城郭不是有无问题，都城的城郭是其标志性建筑，这是古代'礼制'所限定的。"[2]但细加分析，就不难发现这一特征并非贯串中国古代都城发展的始末，而是有鲜明的阶段性。经历了数十年的田野工作与研究，学术界取得的大体共识是，拥有南北向长距离的都城大中

北京城内城西城墙、马面、垛口,远处为西直门(《中国城墙》)

轴线、城郭里坊齐备的古都布局,可以上溯到北魏洛阳城和曹魏都城邺北城。再往前追溯,如东汉洛阳城、西汉长安城乃至更早的先秦时期的都城,就不是那么形制规范、要素齐备了。中国古代都城的早期阶段有着怎样的发展轨迹?城郭齐备的状态源远流长吗?是

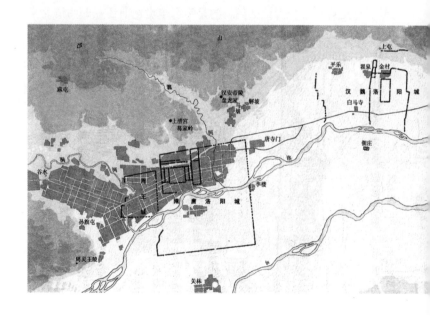

单线平缓"进化",还是有重大"变异"和波动?背后的动因又如何?何为城,何为郭?都城究竟朝哪个方向?如此种种,看似细碎,其实都是关涉中国古代都城甚至古代社会发展进程的大问题,因而成为学术界关注的焦点。学者间观点的严重分歧、激烈的论战,首先聚焦于汉代这一中国古代都城发展的关键时期。

如果我们说,在中国最早的广域王权国家——二里头国家(夏王朝后期或商王朝前期?)诞生,到汉代的两千余年间,居然绝大部分时间里都城是没有大城的,甚至可以说这一千多年是不设防的时代,您相信吗?"大都无城",就是我们对汉代及其以前中国古代都城形态的概括。要讲清这个问题,就必须对整个中国古代都城做一个大场景的"巡礼"。而在这之前,先把上文中提到的令人眼晕的几个概念捋一捋。

洛阳盆地的五大都邑(《中国社会科学院考古研究所考古博物馆洛阳分馆》)

不得不辨的城郭名实

上文中不经意间出现了"城""城墙""都城""城郭"这几个相关联的概念。对它们的解释，学者们持不同的意见。为便于问题的展开，对本书用到的概念，先要进行较明确的界定。

城与城址

城，在现代汉语中有多种含义。《现代汉语词典（汉英双语）》列出三种：一是"城墙（city wall）"，二是"城墙以内的地方（within the city wall）"，三是"城市（跟'乡'相对）（town, city, urban area, metropolis）"。第一种含义属于具体事物现象，"大都无城"的"城"，就是这个含义：大型都城大多不设防，没有城墙；第二种含义是从聚落形态上看的，"长安城""北京城"的"城"，都是这个意思；第三种含义则是从社会发展的角度给出的定义，当代汉语中的"城乡接合部""城乡差别"中的"城"，就是这个含义。

显然，与考古学关系最为密切的，是第二种含义。由于考古学的研究对象是遗址，故一般以"城址"一词称呼这类带有围墙的聚落遗址。其实，广义的"城"指人们在聚落上构筑的区隔性设施（以防御性为主）及拥有这种设施的聚落。这种设施一般为墙垣，但也包含其他构筑物如壕沟、栅栏等，以及部分利用自然之险形成的防御系统。

这里还有必要对"聚落"一词略加解释。在词典中它也有两种释义，一是"人聚居的地方（settlement）"，一是"村落（village）"。在人类学、民族学和考古学界，一般用第一种含义，表示人类居住方式的一个大的范畴。因此，一般所说的"聚落"，包含城市和村落两种大的居住形态。学界常用的"聚落形态""聚落考古"等词组中的"聚落"，都是这一含义。

城市与都城

城市是一种区别于乡村的聚落形态。它相对晚出，仅见于人类社会发展的高级阶段，即国家产生后的阶段。其本质特征是，较大规模的聚居、居民构成复杂化、往往是区域或社会组织的中心。这样的表述，应该可以涵盖古今中外的所有城市。

以商业为主体的城市要晚到宋代以后才兴起[3]，中国古代城市尤其是早期城市具有浓厚的政治中心的色彩，是"政治领域中的工具"[4]。作为国家权力中心的都城，当然是这类城市的重中之重。

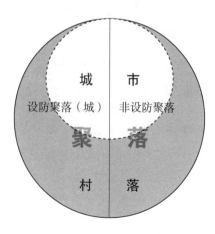

相关概念界定示意

值得注意的是，从前述"城"的第三种含义，可以显见中国古代城市与防御设施（城垣）的密切联系。但在我们所列举的城市本质特征中，却没有包含这一点。这是因为，考古学所观察到的现象是，在中国城市发展的早期阶段，并非所有的城市都有防御设施（城垣）；同样，也并非所有的拥有防御设施的聚落（城）都是城市。"大都无城"概念的提出，也正是出于这样的观察。

城与郭（小大城、内外城）

郭，《现代汉语词典》释义为"在城的外围加筑的一道城墙"。从聚落形态上看，郭是圈围起整个聚落的防御设施。在郭出现之后，郭虽有大城、郭城、外城、外郭城等不同的称呼，但其意甚明。相对于外郭，城又被称为小城、内城，指的是被圈围起的聚落的一部分空间。

既然郭的存在以城为前提，没有（内）城，郭则无从谈起，圈围起整个聚落的防御设施也就只能称为"城"。从城郭的视角看，本书所提出的"大都无城"之"城"，指的就是这种聚落外围的城垣，即后来的外郭城。

这里还有必要对另一个重要概念——"郭区"加以强调。我曾在拙著《先秦城市考古学研究》（北京燕山出版社，2000年）中指出，夏商西周时期都邑的布局已初具内城外郭的雏形，但罕见郭城城垣。当时的都邑遗址大都由宫庙基址群及周围的广大郭区（含一般居民区、手工业作坊和墓地等）组成。早期城市中有松散的郭区而无外郭城城垣的现象，在文献中也有迹可寻。

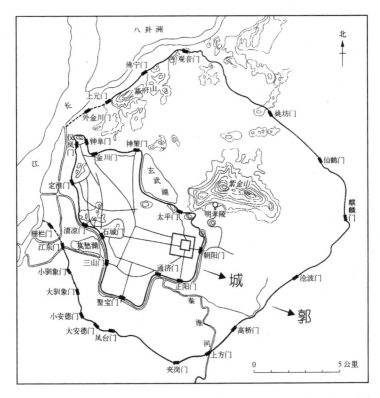

内城外郭示意——以明代南京城为例（《中国古代建筑史》第四卷）

宫城与皇城

那些被圈起的部分聚落空间，也被称为小城或内城，这些区域往往具有特殊的功用。在早期都城遗址中，它们多为贵族或统治者所有，属于一般意义的宫殿区，故这类区域也往往被称作宫城。

小城、内城之类的名称，是从规模或空间位置的角度给出的命名，虽然模糊，但具有很大的包容性；而宫城的命名，则是从属性的角度给出的，意义明确但具有较强的排他性，使用时反而容易引发异议。如果一定要用宫城这一概念，就要考虑到它应有广义、狭义之分。广义的宫城即小城或内城，它包含了与宫室有关的各种建筑、手工业作坊等附属设施、贵族府第，甚至一般居民点和空地（苑囿）等；狭义的宫城则是指用宫墙围起的、含有宫殿区内主体建筑（一般为宗庙寝殿所在）的大的院落。

小城、内城、宫城在称谓上的混乱，由来已久且持续至今。在下面述及的"杨（宽）刘（庆柱）之辩"[5]中，杨宽认为西汉长安城是具有内城性质的宫城，不同于后世只建皇宫的宫城；刘庆柱则坚称历代宫城中都是没有一般居民的"里"夹在其中的。显然，杨宽所言是广义的宫城，刘庆柱所言是狭义的宫城。

如果稍加整合，内城（小城）可以定义为等于或包含宫城。相当于广义的宫城即内城的区域，在汉魏之后逐渐具有皇城的性质。至隋唐时期，以宫廷服务机构和朝廷办事机构为主的皇城区域正式被明确下来。

大家都曾怎么说

作为国家权力中心的都城，在数千年的演进过程中，随着社会历史的跌宕起伏，城、郭布局又有着怎样的变化脉络呢？这正是中国考古学诞生以来，数代学者孜孜以求、企望得到正解的。

1980年代，历经数十年的探索，学术界对中国古代都城的特点和发展规律有了初步的认识。在此引述几位著名学者的见解，看看他们如何勾画都城发展的轮廓，尤其是如何看待中国古代都城特别是先秦到汉代都城制度演变的。

俞伟超：合东周两汉为一大阶段

俞伟超认为，无论从生产力水平还是遗址形态看，黄河中游及其附近地区在龙山时代应当已经出现了最初的城市。商和西周都城遗址内各种活动区的分散存在、东周至两汉都城的密封式规划、从曹魏邺北城到隋唐两京城的棋盘格形封闭式规划、北宋汴梁至明清北京的开放式街道布局，分别是中国古代都城规划发展的几个阶段性的形态[6]。

具体而言，他指出商代至西周的都城，属于中国古代都城发展史上的最初阶段。它们往往没有城墙，或仅宫城有墙，宫殿、宗庙、贵族和平民住地、各种手工业区都分散存在。这种看不到整齐规划的都城布局，是由城乡刚刚分化、王权已经确立而氏族仍然林立的社会历史条件所决定的。到了春秋时期，以往都城中分散的居民点在某些都城发展成若干分散的小土城；战国时，则又集中为一个大郭城。战国时期都城主要由宫城和郭城两大部分组成。这种密封式城市规划形成的重要原因，是东周时期，特别是春秋晚期以后大大强化的专制主义政治体制。而曹魏至隋唐时期的都城规划，既保留了过去那种封闭式形态，又更严格地按等级贵贱来划分居民区。在具体形式上，森严的、多层的等级观念，会使人们追求方正的格局，再加上《考工记·匠人》设计思想的传统影响，导致一种对称均匀的、有中轴线的城市规划的诞生。

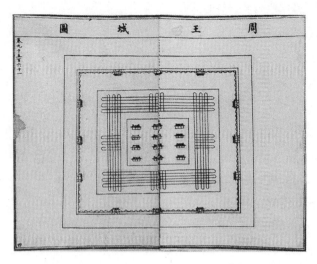

《永乐大典》中的周王城图

我们注意到，在俞伟超的叙述中，秦至两汉帝国这一重要阶段的都城形态被一带而过，它与东周一起被归为"密封式规划"的第二阶段。在以战国时期都城为例概括了这一阶段的特点后，作者仅提到两汉都城规划的基本特点也差不多，只不过宫殿区更为集中而已。

徐苹芳：秦汉都城是划时代变革

徐苹芳也将中国古代城市的发展分为四个阶段，其中后两个阶段即魏晋南北朝和宋元明清的划分与俞伟超相同，前两个阶段则为先秦和秦汉。他认为，先秦城市中商和西周时代的都城是以帝王的宫殿和祖先的宗庙为主体的城市；而东周时期宫城加郭城"两城制"的城市规划则是商和西周向秦汉城市过渡的一种形式[7]。

徐苹芳指出，秦汉城市在中国城市发展史上以新的面貌出现，它直接反映着从东周到秦汉社会历史的剧变。秦咸阳以宫殿为主，立国短暂，未见筑城遗迹。汉以长安为都，先在秦旧宫上修建长乐宫，同时建未央宫和北宫；惠帝时才围绕各宫修筑长安城。城市中以宫为主是商周以来的传统，沿至两汉。东汉洛阳虽较西汉长安宫苑占地稍小，但以宫殿为主的城市结构仍很突出。

他进而指出，汉长安城废除了东周列国都城的"两城制"，把不同阶层的居民纳入一城之中，这是一个很大的变化。《周礼·考工记》所载"左祖右社"之制，与商周以来宫庙一体的制度完全不合。自秦汉以来，都城中以皇帝宫殿为全城规划之中心的设计思想已经确立，这在中国都城发展史上是一个划时代的变革。就城市规划而言，秦咸阳无规划可言。汉长安城是宫殿的组合体，全城如果说有中心的话，便是未央宫，但全城没有一条类似中轴线的设计。至于东汉洛阳，就全城而言，中轴线的设计思想并不明确。

显然，就东周与秦汉城市的关系而言，徐苹芳更为强调秦汉都城的"划时代的变革"。

杨宽：两汉都城无外郭城说

杨宽把中国都城制度发展史分为前后两大阶段：前一阶段为先秦到唐代，是封闭式都城制度时期；后一阶段为北宋到明清，是开放式都城制度时期。前一阶段按城郭联结的不同布局可划分为三个时期：商代是有城无郭的时期，从西周到西汉是西城联结东郭的时期，从东汉到唐代是东、西、南三面郭区环抱中央北部城区的时期。他还提出，在西汉、东汉之际，都城制度发生了一次重大变化,整个都城的朝向由"坐西朝东"变为"坐北朝南"。[8]

他认为商代都城全城以东北部为重心,而西周初期的东都成周开创了西面小城连接东面大郭的布局。这种西城东郭的制度,是以西方为上位而东向的"坐西朝东"礼制在都城规划上的反映,后来不但被春秋战国时代中原各诸侯国先后采用,而且也被秦都咸阳和西汉都城长安沿袭下来。

他强调指出,长安城属于内城性质,原为保卫宫室、官署、仓库以及贵族官吏的住宅而建,城内只能容纳小规模的市区。当时长安大规模的市区和居民住宅区,都分布在城外北面和东北面的郭区。早期的郭,只是利用原有山川加以联结用作屏障。西汉长安的北郭显然利用渭水及其堤防作为屏障,东郭利用新开的漕渠及其堤防作为屏障;东汉洛阳乃至北魏洛阳都是利用邙山、洛水、漕渠以及其他沟渠作为外郭的屏障的。

杨宽的观点,在1980年代甫一提出,就引起了学界的极大关注,甚至引发了一场持续数年的学术论战。我们随后的话题,也将从针对汉长安城布局形态的这场论辩展开。

刘庆柱:秦汉都城形制滞后说

依刘庆柱的界定,前王国时代的"邦国"还没有都城。随着王国的出现,都城也就产生了,它是王国、帝国的政治中心。"都城"是从"城"发展而来的,"城"又是从史前聚落发展而来的。关于城郭形态的演变,刘庆柱提出了从"单城制"(具有宫城性质)到"双城制"(宫城与郭城)再到"三城制"(宫城、内城或皇城、外郭城)的演化模式,这三种模式,分别对应于史前时代的方国或邦国、夏商周王国时代以及秦汉至明清的帝国时代的社会形态[9]。

针对这种都城与社会发展同步说与实际考古现象不甚符合的情况，刘庆柱又提出了"'物质文化'相对'政治文化'变化的'滞后性'"的观点。他推测，作为"双城制"阶段都城的二里头和殷墟都应有外郭城，或未发现，或已被毁无存，而前者即便不存在外郭城，也只是因为这种"滞后性"。与之类似的是秦咸阳城，作为经历了从王国发展为帝国的同一都城，其布局形制基本保持着战国时代的特点，并未发生重大变化，它与当时社会形态的变化相比，显现出都城建筑作为"文化"变化上的"滞后性"。而汉长安城作为"大城"或"郭城"，其郭城之中包括宫城的形态，还是属于"双城制"都城，也是这种"滞后性"的表现。而帝国政治中心的都城，直到北魏洛阳城才真正形成了"三城制"都城。

城郭形态千年观

依上述相关概念的界定，通过对以先秦至秦汉时期为中心的都城发展历程的初步考察，我们认为整个中国古代都城史可以依城郭形态的不同，划分为两个大的阶段，即实用性城郭阶段和礼仪性城郭阶段。城郭形态在这两大阶段有明显的变化，从中可观察到其主流特征。

中国古代都邑城郭形态一览表

阶段	朝代	宫城+郭区	宫城+郭城		都城存废时间
			内城外郭	城郭并立	
实用性城郭时代	夏、商?	二里头			1700 BC～1500 BC
	商		郑州城 偃师城		1500 BC～1350 BC
		小双桥 洹北城 殷墟			1350 BC～1000 BC
	西周	丰镐 岐邑 洛邑 齐都临淄 鲁都曲阜			1000 BC～771 BC
	春秋	洛阳王城 晋都新田 秦雍城 楚郢都	齐都临淄 鲁都曲阜 郑都新郑		770 BC～403 BC
	战国	秦都咸阳 （350BC～221BC）		洛阳王城 齐都临淄 鲁都曲阜 韩都新郑 赵都邯郸 楚郢都 燕下都	403 BC～221 BC
	秦	咸阳			221 BC～207 BC
	西汉—新莽	长安			202 BC～23 AD
	东汉	洛阳			25～190 AD

续表

阶段	朝代	宫城+郭区	宫城+郭城		都城存废时间
			内城外郭	城郭并立	
礼仪性城郭时代	曹魏—北齐		邺城		204~577 AD
	北魏		洛阳城		494~534 AD
	隋唐		隋大兴城 唐长安城		582~904 AD
			东都洛阳城		605~907 AD
	北宋		汴梁城		960~1127 AD
	金		中都城		1153~1214 AD
	元		大都城		1267~1368 AD
	明清		北京城		1421~1911 AD

这揭示了中国早期都城发展史上的几个重要现象。

第一，在最早的广域王权国家都邑二里头至曹魏邺北城之前近两千年的时间里，"宫城+郭区"而非"宫城+郭城"的布局，是都城空间构造的主流，这一现象可以概括为"大都无城"。这与广域王权国家强盛的国势及军事、外交优势，作为"移民城市"的居民成分复杂化，对都城所处自然条件的充分利用，甚至当时的"天下""宇内"思想等，都有一定的关联。

第二，其间只有商代二里岗期和春秋战国这两个时期为城郭布局的兴盛期，二者都有特殊的历史背景，军事局势的高度紧张是共性。

第三，战国时期城郭并立的布局，是社会矛盾尖锐、列国对峙兼并这一特定历史时期的产物，前无古人后无来者，并非像以往认为的那样，属于一脉相承的中国古代都城史上一个承前启后的环节。

第四，处于都城发展史早期阶段的防御性城郭的实用性，导致城郭的有无取决于政治、军事、地理等诸多因素，"大都无城"的聚落形态应是这一历史背景的产物；而后起的、带有贯穿全城的大中轴线的礼仪性城郭，因同时具有权力层级的象征意义，才开启了汉代以后城、郭兼备的都城发展的新纪元。

文献的视角：大邑无城墉

三代王朝"大都无城"的聚落形态，在文献中亦有迹可循。

据研究，三代时期"邑"与城郭的概念区别严格。古文字"邑"作"㖚"，上为围邑的象形文，下为人踞坐而居之形，所以"邑"本指人居之邑。而城郭的象形文"郭"（墉）本作"㚔"，省作"㚔"，则象城垣而四方各设门亭。通过对"郭"（墉）与"邑"的比较可以明显看出，二字的重要区别在于，"郭"（墉）是建有城垣之城郭，而"邑"则是没有城垣的居邑。甲骨文有"作邑"与"作郭（墉）"的不同卜事，"作郭（墉）"意为军事目的筑城，而"作邑"则是兴建没有城垣的居邑。[10]

冯时进一步指出，"邑"与"郭"（墉）除建筑方法不同外，更重要的一点是在夏、商及西周文明中，作为王朝的中心聚落，也就是君王所在的京师之地，都是以"邑"的形式出现的。"邑"本象人居邑之形，而古文字"国"本以"㖚"为意符，为指事字，字形是在象征中央邑的"口"符的四外添加了四个指事符号，以明

"国"之所指本即中央邑周围的区域。这恰好表现了三代政治体制的基本格局。商代甲骨文显示,商王朝的政治中心为大邑商,而大邑商之外的地区则为商王同姓子弟和异姓贵族分封的"国",因此,商代实际至少是由位居中央的作为内服的大邑商的"邑"和邑外作为外服的同姓和异姓贵族所封的"国"共同组成的政治实体。又史称汤都亳,然而亳都称"邑"却无明文记载。而清华大学藏战国竹书《尹诰》中的"亳中邑",使我们知道亳都为邑;而《尹诰》《尹至》两文对读,又可知汤居之亳于灭夏前但名曰"亳",夏亡商兴之后则称"亳中邑"。这一事实的澄清对于研究三代都邑制度的形成与演变具有极为重要的价值"。

邑（臣卿鼎,西周早期）

墉（伯庸父盉,西周中期）

国（保卣,西周早期）

《左传·昭公二十三年》载有楚大夫沈尹戌的一段话："古者，天子守在四夷。天子卑，守在诸侯。诸侯守在四邻。诸侯卑，守在四竟。慎其四竟，结其四援，民狎其野，三务成功，民无内忧，而又无外惧，国焉用城？"这段话明确地表述了楚国及其同时代的诸国长期以来坚持的"慎其四竟（境）"的外线作战思想和大国气度，是对西周时代及其以前"大都无城"状态的一个极好的诠释。我们现在把军队比喻为钢铁长城，就是出于同样的考虑。

冯时据此认为，居于中心的王都由于有诸侯的藩屏，实际已无须再建筑高大的城垣。除诸侯负有拱卫王室的责任之外，早期国家特殊的政治结构以及君王内治而重文教的传统，也使王都必须呈现为不具城垣的邑的形制。《易·象传》云："告自邑，不利即戎，所尚乃穷也。利有攸往，刚长乃终也。"邑为宣王命之所，所以这里说"告自邑"；"即戎"即言兵事；"攸往"为教命流布之意。古之君王重文德教命，而邑无城垣，虽不利战事，但利于教命远播，"即戎"不合文教，故曰"所尚乃穷"；邑无城垣之阻，宜于教命远达，故曰"刚长乃终"。卦辞显示，王于邑告命，故不能以深沟高垒将王与诸侯彼此分隔，这样将会影响王命的传布；相反，宣命之所应以破除城垣的邑为形制，如此方可加强内外服的联系，使教命宣达于四方。

那么，三代都邑的外围又是怎样的形态呢？《周礼·夏官·掌固》："掌固掌修城郭、沟池、树渠之固，……若造都邑，则治其固，与其守法。凡国都之竟有沟树之固，……若有山川，则因之。"可知三代都邑皆有"沟树之固"。段玉裁《说文解字注》释"邑"所从之"囗"为"封域"，应为壕沟或封域的象形。即都邑外围或有壕沟，挖壕之土堆于其外为"封"，又设篱笆荆棘等以为防护。如有山川之险，则利用自然地势形成屏障。尽管都邑也有"沟树之固"，但沟树的作用与城垣适于军事的目的大为不同，而只具有防避兽害及规划疆界的意义。因此，王都采用无城之邑的形制，其实正有使教命流布畅达的象征意义，这些观念都应是早期王都以邑为制度的重要原因[12]。

一　魏晋以降　城郭里坊

本书论述的重点是早期中国古都，对于汉代以后礼仪性城郭阶段都邑的特征，仅做概括性的扫描，以便读者参照比较。

总体上看，从魏晋到明清时代的中国古代都城，具备了下列三个重要特征：城郭兼备的总体布局，全城大中轴的设计理念，里坊街巷的统一规划。这三者互为表里，大体同步。

魏晋至隋唐

魏晋南北朝时期，社会动荡，城市经济衰落，此后才进一步复苏。庄园经济和新的等级制度在都城规划上留下了明显的烙印。对曹魏邺北城、北魏洛阳城、东魏北齐邺南城、隋大兴城和唐长安城等城址的发掘与研究，表明以都城为代表的中国古代城市至此逐步发展成为布局严整、中轴对称的封闭式里坊制城市。

三国时期的曹魏都城邺北城，开始出现方正的布局，连接东西两大城门的大道将全城分为南北两大部分。北区为宫殿、苑囿、官署和贵族居住区（"戚里"），宫城建于城的北部中央，官署集中于宫城前的司马门外。南区为一般衙署和里坊等。北区大于南区。位于全城中部、由外朝前殿文昌殿南伸的南北向大道，经宫城南门，直通南垣中央城门中阳门，形成全城的中轴线[13]。至此，中国古代早期都城中分散的宫殿区布局被中轴对称的规划格局所取代，曹魏邺北城的这种平面规划，对后世中国古代城市的发展产生了深远的影响。

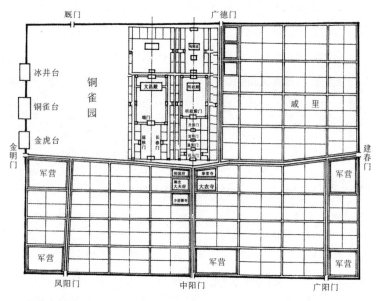

曹魏邺城平面示意（《中国古代建筑史》第二卷）

北魏洛阳城的主要部分仍沿用东汉至西晋的洛阳旧城，仿照邺北城的规划格局，宫室北移。正对外朝主殿太极殿、由宫城南门阊阖门南伸至南垣城门宣阳门的铜驼街，形成了一条明确的南北中轴线。铜驼街的两侧分布着中央官署和太庙、太社，使中轴线的设计更为突出。城的北半部被宫殿区、太仓、武库、官署和苑囿区所占，南半部则有九寺七里，都是中央官署、高官显贵的宅第和寺院区。因佛教兴盛而寺院林立，是北魏洛阳城的一个显著特点。至此城内部分几被占尽。于是在旧城外围新筑外郭城。外郭城范围广大，其内规划了320个坊，每坊一里，四围筑墙，开四门，封闭式坊制至少在这一时期已开始出现。相应地，作为工商业区的三个

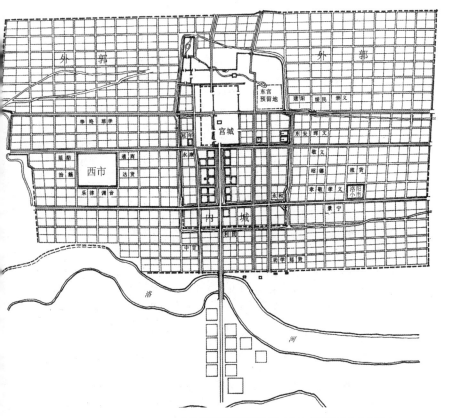

北魏洛阳城平面示意（《中国古代建筑史》第二卷）

一　魏晋以降　城郭里坊

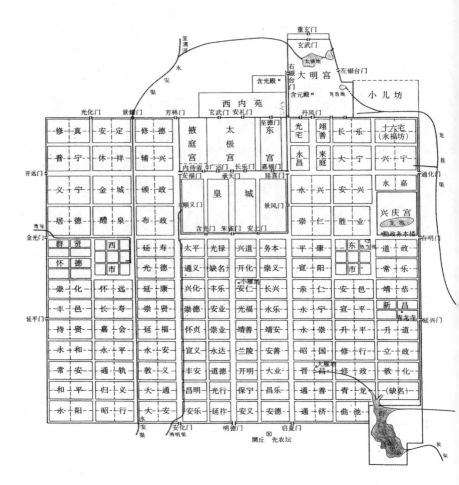

唐长安城(《中国大百科全书·考古学》)

"市"也设置在外郭城中[14]。

这一阶段的城市规划,到隋唐时期发展至顶峰。隋大兴城和唐长安城,是中国中古时期封闭式里坊制城市的典范。长安城面积达84平方公里。宫城位于全城北部正中,后来扩建的大明宫和兴庆宫,也分别位于地势高亢的北墙外和城的北部偏东,便于控制全城。宫城之南设有皇城,是中央高级衙署和太庙、社稷所在。全城以对准宫城、皇城及外郭城正南门的朱雀大街为中轴线。在外郭城范围内,以25条纵横交错的大街,将全城划分为109个坊和东、西两市。这种方格网式的规划,使整个城的平面如同棋盘。坊之四周筑有坊墙,开四门,坊内设十字街,十字街和更小的十字巷将全坊划分为16区。坊内实行严格的管理和督察制度。商业交易活动,则被限制于呈封闭状态的东、西两市之内。隋唐东都洛阳城,除因地形关系将宫城和皇城设在郭城西北部外,格局与长安城大体一致。其大部分坊的面积相同或相近,约0.5平方公里。这种将宫城和衙署区置于城的西北隅,采取整齐方正的里坊布局的规划,成为当时甚至后世地方州县城效法的蓝本[15]。

宋元明清

随着社会商品经济的发展和工商业的日趋繁盛,从唐代末期至北宋前期,封闭式的坊市制逐渐被开放式的街巷制所取代。考古及文献材料表明,北宋中期开始出现的新的城市规划及与之相

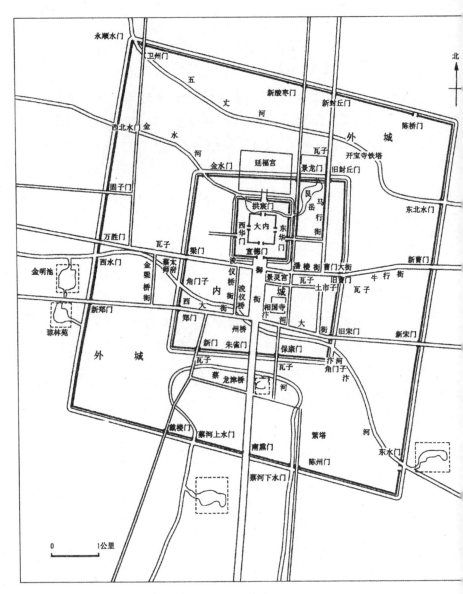

宋汴梁城平面示意(《中国古代建筑史》第三卷)

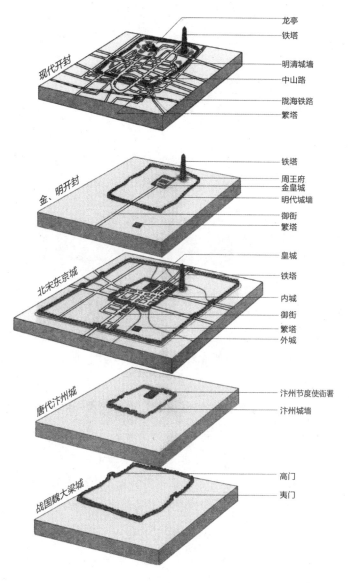

开封城变迁示意(《中原古代文明之光》)

一　魏晋以降　城郭里坊　31

应的管理制度,是人身依附关系和等级制度大为松弛这一历史大趋势的产物。此后的元、明、清各代的城市规划及制度,均采用这种开放的形态,并有所发展。宋元明清时期,是中国古代城市发展的成熟阶段。

北宋都城汴梁和南宋都城临安,都是在唐代旧城基础上改建扩建而成的。在街道布局上虽不甚规整,但在城市布局的科学性和合理性方面有了长足的发展。汴梁全城有内外城墙三层。中间一层为内城,主要分布着中央各官署,内城中部又有宫城,即大内[16]。这种宫城居中、布局方正的重城式平面规划,对后来金中都、元大都乃至明清北京城都有很大的影响。而同前代相比变化最大的当属坊墙拆除,临街房舍店铺及娱乐场所的出现。如果说汴梁和临安新的城市规划因受旧城约束还无法充分地表

《清明上河图》中的开放式街巷
（局部，明·仇英绢本）

现出来，那么平地起建的元大都则可以说是开放式街巷制城市的典型。

元大都平面呈矩形，由宫城、皇城、外郭城三重城套合组成。其中皇城建于城内南部中央，四面包围宫城和皇家苑囿区。元大都中轴线的规划更为明确，自南垣中央城门丽正门经皇城、宫城正门、正殿，直至全城中心点万宁寺之中心阁。礼制性建筑太庙和社稷坛分列宫城之左右，最大的市场建于宫城之北，城内的九条纵街和九条横街构成了全城的主干街道。据此，元大都的总体布局与《周礼·考工记》所载"营国"制度最为符合。在城内南北向主干街道之间分布着数百个胡同（时称"火巷"），宽度在6米左右，多呈东西向排列，今天北京城内的许多胡同就是元代火巷胡同的残迹。大片民居住宅之间，混杂着寺庙、衙署和商

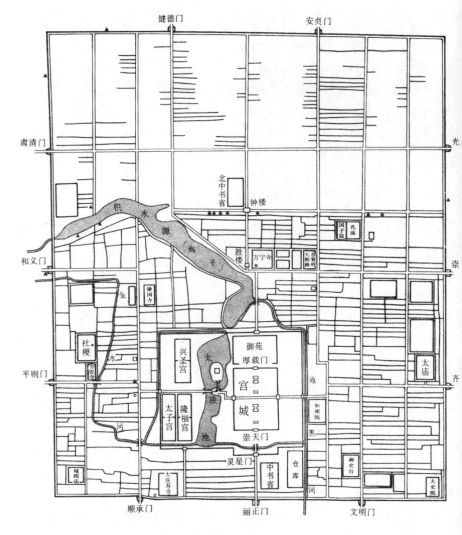

元大都(《中国大百科全书·考古学》)

34　大都无城

店等。全城以街道划分为50个坊，但周围已无围墙相隔，呈开放之势。元大都的城市规划是中国王朝时代后期开放式街巷制的典型，这一新的城建规制为后来的明、清所继承[17]。

明永乐年间立为都城的北京城（内城）是在元大都的基础上缩北展南，改建而成的。内城的街巷，基本上沿用元代旧制。大小干道两旁散布着各种手工业作坊和商行店铺，胡同小巷则是市民居住区。嘉靖年间，又在城南加筑一外城，实际上是尚未完工的环城外郭城的南部。外城内除了东西并列的天坛和先农坛外，主要是手工业区和商业区。皇城位于内城的中部偏南，其内偏东为宫城，即紫禁城。此外还分布有禁苑、庙社、寺观、衙署和宅第等。中轴线仍沿元大都之旧，更为加长，由外城的永定门经内城正门、紫禁城直至鼓楼和钟楼。所有城内宫殿及其他重要建筑都沿着这条南北向的中轴线展开。皇城和宫城占据全城的中央部分，以帝王为中心的"建中立极"的都城规划思想在这里得到了最充分的体现。清定都北京后，基本上袭用明的都城和宫殿，此外又开辟了西郊的皇家林苑[18]。

可见，只是在先秦秦汉"大都无城"时代之后的魏晋至明清时期，中国才进入了"无邑不城"的时代。至近代，失去了防御和礼仪双重意义的城墙也就逐渐退出了历史舞台。极少数保留至今的，无疑都成为重要的文化遗产。

下面，拟以"倒叙"的形式，从处于中国古代都城发展的关键期，而学术观点又分歧严重、论辩激烈的秦汉都城入手，逐渐向前追溯，谈谈我们对中国早期都城城郭形态的这一新认识。

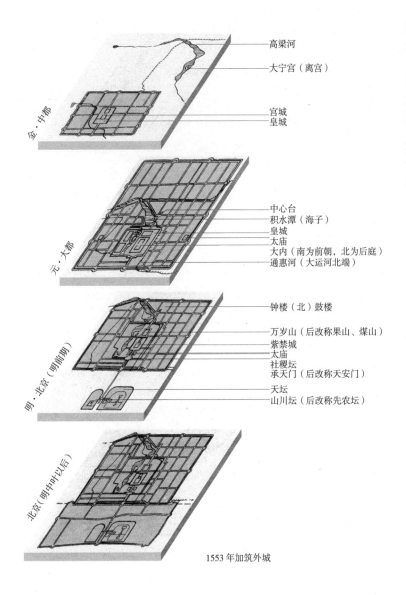

北京旧城城址变迁示意

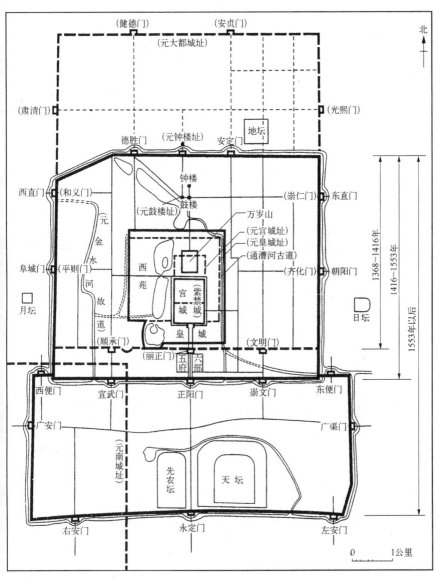

金、元、明都城位置变迁(《中国古代建筑史》第四卷)

一 魏晋以降 城郭里坊 37

二　秦汉京畿　帝国霸气

西汉长安：城郭之辩

是城还是郭

位于现西安市西北郊的汉长安城，是西汉王朝和新莽王朝的都城。其立都时间在公元前202年，历时二百余年。1956年以来大规模的系统调查、钻探与发掘，使得这座都邑的面貌不断清晰起来[19]。

汉长安城南倚龙首原，北滨渭河，周围地势开阔，由南向北缓缓倾斜，城垣圈围起的面积约34.4平方公里[20]（原测量数据为约36平方公里）。到了1980年代，汉长安城的发掘者从田野考古收获中归纳出了一些概括性的认识："皇帝的宫殿和官僚的甲第，密布于城内的中部和南部，约占全城的三分之二，西北部主要是官府手工业作坊；一般居民麇集于城内东北隅。"[21]依最新的估算结果，汉长安城中宫室建筑的面积近17平方公里，仍"占据了整个城市面积的近二分之一"[22]。

据文献记载，城垣是汉惠帝时围绕着先期已建好的长乐宫、未央宫及武库、太仓等重要建筑而兴建的，且西、北方向迁就河流走向，故城址的形状不甚规则。汉武帝时国力兴盛，除在城内修建了北宫、桂宫和明光宫等宫室建筑，还在城西兴建了规模宏大的建章宫，在城西南整修扩建了上林苑等离宫苑囿。西汉末年和新莽时期，又在城南郊修建了"九庙"和明堂辟雍等礼制建筑。

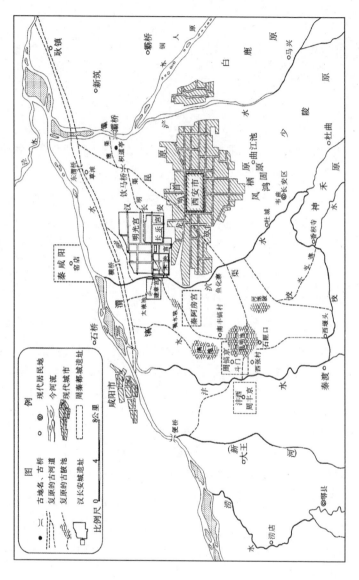

汉代长安八水示意（《三辅黄图校注》）

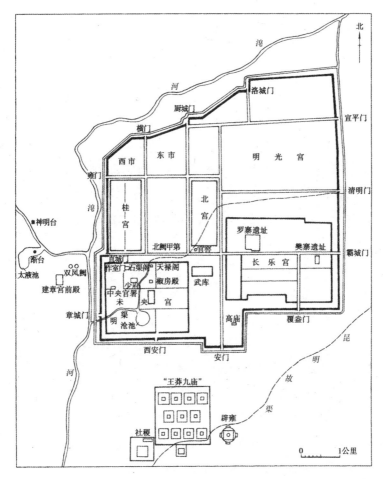

汉长安城(《中国考古学·秦汉卷》)

就是这样一座长安城,却引起了巨大的争议。争议的最大焦点是:用城垣围起的长安城,究竟是城还是郭?

汉长安城的城址面积小于早它一千多年的商代晚期都城安阳殷墟遗址群(约36平方公里),略大于战国时代城址面积最大的诸侯国都城——燕下都(约32平方公里)。可见,假若城址就是作为一代帝都的汉长安的外郭城即全部都邑的范围,它真的并不算大。

针对汉长安城发现以来的主流观点——30多平方公里的城址就是汉长安城的外郭城,杨宽提出了不同的意见。他认为汉长安城很明显属于宫城(即内城)的性质,长安城内主要由皇宫、官署、附属机构以及达官贵人、诸侯王、列侯、郡守的邸第所占据,一般居民的"里"所占面积不大,而且从长安城的发展过程看,它就是由宫城扩展而成的[23]。

对此,主持长安城田野考古工作的刘庆柱认为,确认汉长安城为宫城的论点是不能成立的。因为历代宫城中都没有一般居民的"里"夹在其中。就此而言,如果承认汉长安城中有一般居民"闾里"的话,那么它就不可能是宫城。因为宫城是围绕皇宫(或王宫)修筑的城[24]。杨宽则申论道,这种宫城不同于后世只建皇宫的宫城。若以后世的都城制度来衡量,这种宫城就具有内城的性质[25]。

二者对宫城概念的不同解释,差异在于杨宽取的是广义,而刘庆柱取的是狭义,已如前述。其实,内城、小城、宫城本不易做明确的划分。譬如坚决不同意汉长安城有宫城或内城性质的刘庆柱,在论及郑州商城时也认为,"考古发现表明,内城之中应为商代奴隶主和贵族的活动场所,平民居址极少发现,内城东北部发现了大面积的宫室夯土建筑基址。郑州商城已发现的内城可理解为'小城'或'宫城'"[26]。可见，小城、内城、宫城在一定情况下通用，应是有其合理性的。

其实，从关于长安城的几种经典性论著中，可以窥见学界对这座帝都形态认识上的变化。在1984年出版的《新中国的考古发现和研究》一书中，对汉长安城的介绍基本上限于城墙、城门及其内的街道、宫殿和武库，这也是此前田野考古工作的重点。编写者当时即指出"整个长安城主要是作为帝王与贵族官僚的专用城市而存在的"，同时把城南郊和东郊的礼制建筑遗址作为长安城的组成部分加以介绍。随后出版的《中国大百科全书·考古学》"汉长安城遗址"条中，还提及了上林苑和昆明池。但二书所附的长安城平面图，都仅限于对城圈及其内遗迹的交代。

而2003年出版的《汉长安城》一书和2010年出版的《中国考古学·秦汉卷》"汉长安城遗址"一节所附"汉长安城遗址平面图"，则包括了城西建章宫一带的离宫苑囿和南郊礼制建筑群。《汉长安城》所述，除了城圈以内的遗迹外，还包括礼制建筑、离宫和苑囿以及汉长安城附近的诸陵邑。看来，即便坚持认为汉长安城的城圈即郭城的学者，也不否认上述城圈以外的部分，属于汉长安城的重要组成部分。

城外有无郭区

杨宽认为整个长安都城应该包括内城和外廓（同"郭"，以下均写作郭）。张衡《西京赋》中描绘的长安"经城洫，营郭郛"，说明当年经营的长安，不仅有城洫，而且有郭郛[27]。

具体而言，长安城外有较大的郭区，其中北郭和东郭面积较大。当时，渭水位于北城墙以北约 1.5 公里以外，"实际上就具有北郭以外大城濠的作用。当时北郭的市区和居民区，就分布在北城墙以北、渭水以南的三华里范围之内。向东延伸到宣平门（东墙北门）以外广大地区，向西延伸到雍门（西墙北门）以外地区。有不少居民的'里'，就分布在这些郭区"。杨宽认为，长安的东郭则是利用漕渠作为防御的城濠的，漕渠就是《水经注》中的昆明故渠，它以长安西南的昆明池作为水源，引渠经长安城东南，折而斜向东北进入渭水，正好经过长安城东城墙的霸城门、清明门和宣平门外，因而可以利用它作为东郭的屏障。

杨宽梳理了传世文献对汉长安城城郭上"门"的称呼，指出"内城的门称为城门。凡是城门以一个字为名的，每多加上'城'

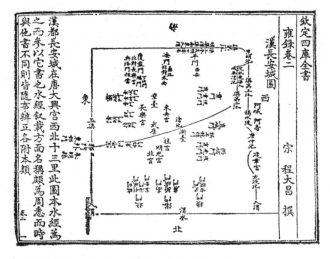

《雍录》中的汉长安城图（《中国古代都城制度史研究》）

字，称为城门。如覆城门（疑为霸城门之误。——引者注）、章城门、洛城门、厨城门之类，外郭的门就称为都门"。如"北郭在横门以北有都门，东郭在宣平门以东有东都门"[28]。

关于先秦至汉代的郭区，杨宽明言"利用天然的山水加以联结，用作外郭的屏障，原是西周春秋以来流行的办法。兼用漕运的河流作为外郭的屏障，是西汉长安所开创的办法"[29]，并未说当时筑有郭城城垣。所以以"没有关于修筑所谓汉长安城的外郭城之记载"和"城外还未发现郭城或北郭和东郭的墙垣遗迹"为据的驳议，恐怕就属无的放矢之论了。而不认同汉长安城有"大郭"的刘庆柱也承认，"西汉中期，汉武帝修筑漕渠……形成了汉长安城以东的一条屏障，西汉中期以后，人们也就把这条渠与宣平门以东的祖道交汇处称为'东郭门'（即东都门）。……所谓东都门不过是座象征郭门的建筑"[30]。尽管关于"祖道"名称，东都门是否仅为一座桥和象征性建筑，其究竟在漕渠上还是漕渠外等细节上，杨、刘二位还有不同的意见，但在东郭门的存在、时人习惯于把长安城和漕渠之间视为"东郭"的问题上，二者的观点已大致趋同。

或许，汉长安城的城郭布局和人们的认同，有一个动态发展的过程。如按前述刘瑞的分析，城内宫室建筑等的比重在二分之一左右[31]，那么惠帝筑城时是先以城池为郭，及至武帝时国力强盛，人口剧增，遂"以城中为小"（《汉书·东方朔传》），在城外兴筑建章宫、扩展上林苑等，城外亦多居民，时人遂以渭河和漕渠为郭，这应当是可能的。刘运勇推测长安城"横门外夹横桥大道的市，当属汉朝臻于极盛时，长安城内工商业高度发展，为城市布局所限制，不得不向外蔓延的产物"[32]。呼林贵根据考古发现，推断覆盎门外

二 秦汉京畿 帝国霸气

汉长安城东城门之一霸城门遗址(《中国考古学·秦汉卷》)

厨城门一号桥桥桩与石构件(《考古》2014年第7期)

文景帝至新莽时期的墓葬区很可能是整个长安规划中的一个组成部分[33]。如是，可以认为汉长安城的"郭"有一个扩大的过程，并从延续战国时代大立郭城的传统，转变为内城加郭区的"大都无城"的状态，进一步彰显出巍巍帝都的气势。

汉长安城外的考古发现，也支持这一推想。《中国文物地图集·陕西分册》介绍，在汉长安城北的厨城门外发现唐家村制陶作坊遗址（有夯土墙），城东的清明门外分别发现了郭家村铸钱遗址（发现窑址和大量钱范）、刘家村钱范窖藏（发现"五铢"钱模）[34]。说明城外以北以东区域，并非像以往认为的那样均为墓地[35]，实际上甚至分布着较重要的遗存。

至于汉长安城的"一百六十闾里"究竟是有相当一部分分布于城外，还是均位于城内北部，持不同意见的学者分歧更大[36]，有待于进一步的考古发现与研究。如果再放开视野，可知汉王朝继承了秦代的京畿制度，改秦"内史"为"三辅"；又在京畿地区建置陵邑，"徙齐诸田，楚昭、屈、景及诸功臣家于长陵。后世世徙吏二千石、高訾富人及豪杰并兼之家于诸陵"（《汉书·地理志》）。从广义上讲，这些陵邑也是西汉京师行政区和经济区的组成部分。于是才有像班固《西都赋》所描述的"南望杜霸，北眺五陵，名都对郭，邑居相承"（《后汉书·班固传》）的繁华壮观的景象。关于西汉长安居民的分布问题，王子今的观点具有相当的代表性："西汉长安城内有限的平民居地集中'口二十四万六千二百'，就当时的居住习惯而言，居民的生存空间显然过于狭小。然而通过'乡'的设置，推想有部分长安户籍资料统计的民众居住在城外的可能。而长安作为大都市，其诸多其他功能的实现，有诸陵邑的补充。西汉长安周围的诸陵邑在某种意义上已经成为

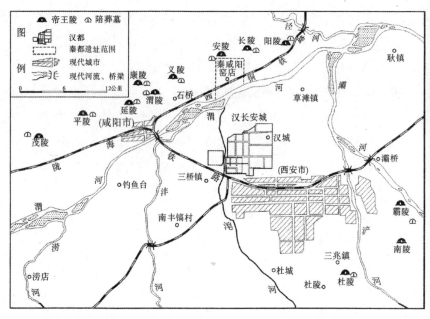

西汉帝陵分布（《三辅黄图校注》）

长安的卫星城。……'诸陵'不仅有拱卫长安的作用，在经济生活和文化生活方面，对于政治中心长安更多有补益。"[37]

东西两市究何在

与长安城外是否有郭区相关的是长安诸市，尤其是著名的东市、西市的具体位置。阎文儒、佐藤武敏、马先醒、陈直、杨宽、佐原康夫、孟凡人等都曾推测汉长安城的市或均位于城外郭中，或至少有部分在城外[38]。

1980年代，汉长安城的早期发掘者王仲殊提出了"可以肯定长安城内有九市"的观点[39]。其列举的文献和考古依据是,"《三辅旧事》记述九市的位置在突门（雍门）附近、横桥大道（应即横门大街）的两侧,因而可以进一步判断它们是在城的西北部。在城的西北部一带,有的地方发现地面上散布着许多陶俑和钱范,说明这里是手工业作坊的所在,也可以作为上述判断的一种依据"。

从行文即可知这只是一种"判断"。显然,手工业作坊之所在并不必然为市场。同时,市场不易留下确切的痕迹,故在考古发掘中较难辨识[40]。1980年代中期在城内西北部一带发现的围墙,发掘者断言"发现两个'市'的遗址,二市四周夯筑'市墙',此即文献所载之'东市'与'西市'"[41],恐怕也只能看作是推断。就具体内涵看,"西市之内有大面积的手工业作坊遗址","西市中的一些手工业生产是直属中央管辖的,如铸币业、属于东园秘器的陶俑制造业等。西市偏居于长安城西北隅,环境封闭,便于官府对重要手工业的控制"[42]。这样的一处带有独占、封闭色彩之所在,与对外开放、与贸易有关的"市",似乎难以挂起钩来,其属于官营手工业作坊区的专门用地也未可知。

至于对文献中城门和道路的具体解释,学者们也尚未达成共识。杨宽认为"所谓'道',是指城门通向郭区的大道。西汉长安城内的道路叫'街',只有城外郭内的道路叫'道'",因而位于"横桥大道"两侧的市也就应在城外北郭的大道旁了[43]。而"无论《三辅黄图》所引的《庙记》,班固《西都赋》李善注所引的《汉宫阙疏》和《太平御览》卷一九一引的《宫阙记》,一致都说长安有九市,'六市在道西,三市在道东'"[44],这与考古发现横门内大路两侧院落西小东大（面积分别为0.2、0.5平方公里余）的情况不甚

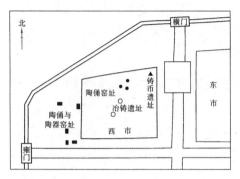

汉长安城西市与手工业作坊分布
(《中国考古学·秦汉卷》)

符合。论及东西二市之不在城内，杨宽指出班固《西都赋》讲到长安"九市开场……阛城溢郭"，"说明当年长安的'九市'，不但'阛城'，而且'溢郭'……'郭'更是'市'的重要发展地区"[45]；他还引用《汉书·百官公卿表》指出"长安市令是京兆尹的属官，而东西二市的令署不属京兆尹而由三辅都尉掌管，也可见东西二市如同城西的柳市一样，不在城内"[46]。对此，刘庆柱则认为"'长安九市'之说不确。这里的'九'应为约数"[47]，并以"(阛城溢郭)属于汉赋中常常使用的骈偶词句……这里阛与溢，城与郭实际同意"[48]加以否定 [值得注意的是，该文在收入《古代都城与帝陵考古学研究》文集（科学出版社，2000年）时，删去了这段论述]；对于负责东西二市的官员身份问题，则未作驳议。

总之，这两处围墙圈围起的区域，是否就是文献中记载的东市、西市或孝里市等，尚存疑问。汉长安城"市"的状况，应同"一百六十闾里"的具体分布和布局形制一样，目前还不甚清楚，有待于今后通过考古工作来究明。

退一步讲，即便这两处汉长安城内的围垣遗址属于官营手工业和"集中市制"的商业用地，甚至就是东、西市，也无人否认汉长安城的城外还分布着其他市场，并有居民点分布，已如前述。汉长安城的发掘者也不否认从文献上看，"城郊附近还有不少市，如便桥旁的交道亭市、渭城的孝里市、昆明池南的柳市、长安太学附近的会市等等"[49]。市的存在，进一步旁证了京郊居民区的存在。

朝向与轴线

汉长安城究竟朝哪个方向？有无轴线？这两个问题很重要，但在1980年代出版的集考古成果之大成的《新中国的考古发现和研究》《中国大百科全书·考古学》，以及此前对汉长安城的叙述讨论中，还都没有涉及。

杨宽在1983年赴日本东京参加"第三十一届亚洲北非人文科学国际会议"所做的报告中，最早提出了汉长安城的布局坐西朝东的观点。理由是"只有东城墙的城门两侧设有门阙"，"城内主要皇宫长乐宫和未央宫，也都是坐西朝东的。长乐宫虽然四面有门，只是东门和西门有阙。未央宫则设有东阙和北阙"[50]。

在两轮"杨刘之辩"中，刘庆柱没有论及汉长安城的中轴线问题。杨宽则在两次论辩中修正了自己的观点，即"西汉长安是东向与北向的"，"无论宫门、城门和郭门，都以东门与北门为正门"[51]；"由未央宫北阙一直向北有大街通过横门，再由横门一直向北有大道通到横桥，设有都门（即北郭门），形成一条由朝宫向北直贯城区与郭区的中轴线"[52]。

其后，刘庆柱认可了杨宽提出的南北中轴线方案，认为"在汉长安城中……宫城（未央宫）中的大朝正殿（前殿）位置'择中'，宫城轴线居中，宫城与都城轴线重合"；"未央宫轴线向北连接横门大街……向南至西安门，出西安门，宗庙在其左，社稷在其右。这条由横门至西安门的南北线应为汉长安城的轴线"[53]。

此后，多数学者不同意杨宽的意见，认为汉长安城为南北向。其中有人认为该城坐北朝南（如史念海、徐为民）；有人认为该城坐南朝北，没有明显的中轴线（如周长山）；或与刘庆柱相同，仅认为其为南北向，而未明确朝南还是朝北，以西安门—未央宫前殿—横门为轴线（如王社教）；另有人认为应以安门大街为轴线（如刘运勇、贺业钜、孟凡人）；韩国河等则认为汉长安城保持南北向规划中轴线，但早期以安门大街为轴线，到晚期西移至以西安门—横门大街一线为轴线。只有杨东晨赞成汉长安城坐西朝东的观点[54]。

以上论述，多把汉长安城由兴建到新莽时期的最终建设利用当作一个整体来分析，也就是说，基本上是"总平面图式"的研究。刘瑞则从城市动态发展的角度加以解读，提出了汉长安城"首先是一座朝东的城市，然后才变为朝南"的观点[55]。

与杨宽一样，刘瑞非常重视都城建筑中城阙与宫阙的重要性，认为阙作为"具有特殊礼仪性质的标志性建筑，它所在的位置和规模大小可揭示出其所附着建筑的方向和等级"。通观文献记载和考古发现中国古代都城的营建规制，可知"宫城方向、阙方向和城市方向三者高度一致"。其结论是"汉长安城东侧三门外均施双阙，未央宫建东阙、北阙，长乐宫、建章宫均建东阙的现象就清晰地表明，整体上汉长安城以东向为上"，"汉长安城城阙、宫阙所反映出的城市方向也应为朝东而非朝南"。

刘瑞还通过对考古材料的重新梳理,指出在原来复原的"长乐宫"范围内发现的宽逾45米、东西向的三股大道,即霸城门内大街,"应该属于城内的骨干大街,而不是一般的宫内道路";"原来复原的长乐宫范围内包括了几座宫城"。由是可知"汉长安城不仅在东门外建设了双阙,而且在东门内都修建了全城最宽的规格最高的大街,城市东西向的大街都是城中最宽阔的街道,整个城市东西向的框架骤然鲜明起来"。

除了文献材料,刘瑞的旁证材料还涉及了西汉帝陵的朝向,即按照"事死如事生"的理念,帝陵是仿造生前的居所来规划建设的,而汉长安城附近帝陵的方向均朝东[56]。其实,发掘者已指出未央宫是以东门为正门的[57];从霸城门—直城门大街的规格看,"未见宫城之中有这样规模和形制的道路",因而它应该是城内的大街[58];另外,"汉长安城东面3座城门与其他三面的9座城门,形制有所不同,即前者在门址外侧,向外有凸出的夯土基址,颇似'阙'类建筑遗存"[59]。可见,尽管发掘者坚持汉长安城的中轴线为南北向,但其所提供的资料,在相当程度上支持都城朝向东、中轴线为东西向的观点。

刘瑞所做新分析的启示在于,同任何考古资料的属性一样,目前汉长安城考古资料也仅可当作"文本"来看待,是需要加以补充完善、做深度解读的;同时,关于都城朝向和轴线的研究,应最大限度迫近当时人的理念认识,而不能囿于研究者对平面图的印象甚至想象(如刘瑞对"斗城"法天说的分析[60]);最重要的是,应把都城的空间布局放在一个发展的框架中去做动态解读。

基于这样的认识,刘瑞提出了汉长安城的东向时代和南向时代的概念。

汉长安城未央宫椒房殿遗址(《中国考古学·秦汉卷》)

"汉长安城在建设规划之初是以东向（朝东）为正方向。从汉武帝时期修建建章宫时仍然以东阙为正门看，武帝延续了以东为上的城市布局传统"，即"从汉初到汉代中期汉长安城均是朝东的城市"。"汉长安城由东向转为南向的标志，大体是汉长安城南郊礼制建筑的日渐营造，而这个过程又经历了很长的时间"。到西汉晚期，祭祀系统与宗庙制度得到大规模的整理，西汉早期泛神化的芜杂祭祀最终被罢弃，此时已明确地将都城南北方向作为祭祀系统中的主方向。在王莽的主持下，于短时间内在南郊建设了一套基本完整的新的宗庙祭祀系统，如辟雍、九庙和官社、官稷等。"汉长安城从原来的东向转变为南向"。

至于汉长安城的轴线，刘瑞认为朝东时代最主要的轴线为霸城门—直城门大街，西安门—未央宫前殿—横门大街轴线则属于次轴线。到了朝南时代，西安门—未央宫前殿—横门大街—横门一线及其南向延长线作为城市轴线正式形成，原来的霸城门—直城门轴线变为从属轴线。"在朝东时代，霸城门是汉长安城的主城门；在朝南时代，西安门是汉长安城的主城门"。而"这种将轴线正方向端城门扩大以显雄壮威严的建筑模式，在后代都城建设中被普遍采用"。

可见，在都城方向变化的原因取决于礼制的变化这一点上，刘瑞和杨宽的意见是一致的，二者的不同之处在于杨宽认为这种转变在西汉长安城与东汉洛阳城之间，而刘瑞则认为都城方向的这种剧烈转变并非突然发生，它是经过西汉后期至王莽时期结束的多次反复才翻转过来的，"东汉只是延承其绪而已，并非初创"。

就目前的考古资料看，这一分析是中肯的。

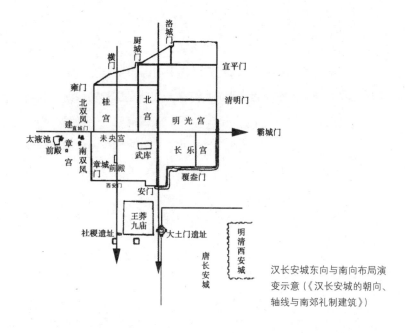

汉长安城东向与南向布局演变示意（《汉长安城的朝向、轴线与南郊礼制建筑》）

设计思想探源

说到西汉长安的"源"，问题也就开始复杂起来了。

张衡《西京赋》评价汉长安城"乃览秦制，跨周法"。薛综注："跨，越也。因秦制，故曰览。比周胜，故曰跨之也。"（萧统《文选》）学者对此多有引用，但具体解释则有所不同。

杨宽认为，"西汉长安城的布局结构不是凭空设计出来的，还是从战国和秦代都城模式的基础上形成的。战国时代中原各国的都城，有一个共同的特点，就是整个布局，是由西边的小城和东边的大郭相互联结而成"，"秦国都城咸阳，同样是以西边宫城联结东边大郭的布局"。[61] 刘庆柱则指出"杨宽先生这种论断与目前已经取得的东周时代（包括战国时代）考古资料有较大出入"，"如果说东周时代的列国都城布局结构有什么共同点的话，那就是它们大多由宫城和外郭城组成，而外郭城或在宫城外围，或在宫城近旁"。而秦咸阳城的"宫城（或宫殿区）在大城的北部，手工业作坊区、商业区和一般市民里居则在大城西部与西南部，大城东部为皇室池苑"。"显然，汉长安城的布局结构与杨宽先生所说的那种战国都城及秦咸阳城的模式差异很大，把汉长安城的设计思想溯源于那种模式是难于成立的"[62]。

刘庆柱的驳议基本上全面否定了杨宽的论断。目前看来，杨宽关于战国中原诸侯国都城及秦都咸阳城"西边小城联结东边大郭"的城郭布局模式，的确难以得到考古学材料的支持。但似乎不能认为汉长安城的布局与先秦时期的都城规划思想没有任何关联。刘瑞即指出，"汉长安城整体朝向的变化和轴线交替……受到先秦两汉时期思想文化发展的直接影响"。"汉长安城建设初期选择朝向的直接基础，是在先秦时期许多地域流行并实施的尚东和尊右的思想"。"东向布局也可能是战国时期逐渐流行阴阳五行学说在汉代的反映。汉长安城在西汉晚期出现的城市南向布局，可能主要是在周礼等被后世奉为经典的古礼等儒家思想的主持下进行"[63]。

杨宽把"西边小城联结东边大郭"的城郭布局模式，上溯到了西周时代的洛阳成周。这一论断，更缺乏考古学的证据，因而未能得到学界的认可。但从社会形态上看，秦汉帝国与西周王朝，是以强势的王权和兴盛的国力为共同特征的。这里的"跨周法"，或许应是对"大都无城"的西周王朝都城制度（详后）的继承和发展，而非对礼崩乐坏、乱世争防的东周城郭形态的模仿，正如孔子所谓

"周监于二代，郁郁乎文哉！吾从周"（《论语·八佾》）。此时的郭区已成为观念上的郭区，即一般以都城所处大的地理环境为郭。秦汉时代的这种都城规划思想，是与当时大一统的、繁盛的中央帝国的国情相一致的，因此其都城建制也远非战乱频仍时代筑城郭以自守的诸侯国的都城所能比拟。从这个意义上讲，汉长安城"跨周法"的最大特征，也许正是显现出帝王之都宏大气魄的"大都无城"。

作为前后相继的帝国都城，秦都咸阳和汉长安城在布局和设计思想上存在内在的关联，也是可以想见的，不少学者参与过讨论。杨宽"西汉长安的设计规划，确是沿用秦制，以秦都咸阳为模式而有所发展的"[64]的论断，应当说是有道理的。但秦都咸阳究竟是怎样一种设计规划模式，汉长安城又在哪些方面对其继承并有所发展，至今莫衷一是，需要做深入的探讨。

秦都咸阳：有城还是无城

在对秦国都城的研究中，韩国河等学者提出了"非城郭制"的概念[65]。持这种观点的学者指出，与兴盛于东方列国的"两城制"的城郭形态不同，"从雍城到咸阳，秦国都城一直采用了一种'非城郭制'的格局，并对汉代国都的城市布局产生了深远的影响"[66]。的确，在战国时期城郭布局盛行的大势中，秦都咸阳尤其给人以"异类"之感。

秦都咸阳是战国中晚期秦国及秦王朝的都城。遗址地处关中平原中部的咸阳原上、渭水两岸。秦孝公十二年（公元前350年），"作为筑冀阙宫庭于咸阳，秦自雍徙都之"（《史记·商君列传》）。至秦二世三年（公元前207年）秦亡，秦以咸阳为都凡140余年。《史记·秦本纪》又有秦献公二年（公元前383年）"城栎阳"的记载，有学者据此认为秦曾以栎阳为都。笔者同意栎阳应非秦之主都的观点[67]。在最新确认的战国栎阳城的位置上，也并未发现城墙与城壕等设施[68]。

秦咸阳城的考古工作开始于1950年代末期，虽然发现了大量与秦都咸阳密切相关的各类遗存，但迄今尚未发现大城城垣，都城的形制布局也不甚清楚[69]。

秦都咸阳所处地势北高南低，由渭河北岸的咸阳原向渭河河谷逐渐低下。在地势高敞的咸阳原上，已发现了由20多处夯土建筑基址组成的庞大的宫室基址群。在这一范围内大体居中的位置，还探明了一处东西向、长方形的夯土围垣设施，其北墙长843米，南垣长902米，西垣长576米，东垣保存较差。围墙修筑于战国时期，发掘者认为应是秦咸阳的宫城——咸阳宫遗迹[70]。

学者们一般认为秦都咸阳的宫城是存在的，至于究竟是单一宫城还是由多组宫殿建筑组成的集群，甚至连宫城的具体位置，尚存争议[71]。对此，学者们提出了不同的观点。针对刘庆柱提出的宫城在大城北部的推断，杨宽同意王丕忠的意见，认为"秦的咸阳宫与兴乐宫（即汉长乐宫）仅一水（渭水）之隔，建有横桥连通……咸阳宫不可能远在北边的咸阳原上"。上述建筑基址，应是咸阳城旁的宫观，并非咸阳宫[72]。王学理也认为"把发掘出的西阙建筑遗址看作'咸阳宫'还缺乏有力的证据"[73]。

二 秦汉京畿 帝国霸气 61

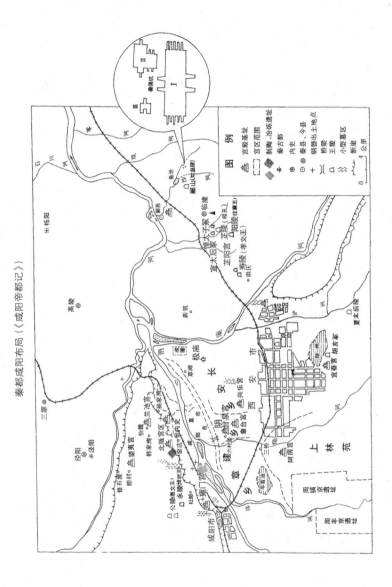

秦都咸阳布局(《咸阳帝都记》)

阿房宫前殿遗址（《中国考古学·秦汉卷》）

咸阳宫第一号宫殿遗址（《中国考古学·秦汉卷》）

如何解释秦都咸阳遗址不见外郭城垣的考古现状，学者们意见殊异。长期从事调查发掘的王学理将诸多观点归纳为"有城说"和"无城说"两大类，"有城说"又包括以下几种不同的解释。[74]

一是"水毁说"，倾向于城址全毁于渭河的冲决。如武伯纶认为"由于渭水的冲刷，咸阳古城遗址已很难究寻"；杨宽也认为"因为渭水不断北移，故城遗址受到冲决，目前已经看不到城址的踪迹"；持此观点的还有王丕忠等[75]。

二是"临水说"，也可以说是"半毁说"。此说的代表人物是刘庆柱。他认为秦咸阳的主要部分——宫殿区在咸阳原上。尽管渭河北移，但其主要部分并未被冲掉。"秦咸阳城的范围东自柏家嘴村，西至长陵车站附近，北起成国渠故道，南到汉长安城遗址以北约3275米（因渭河北移……估计原来秦都咸阳城南部，约有南北3225米宽的地段已被河水冲毁）。推断秦咸阳城东西约7200米，南北约6700米"[76]。

三是"水郭说"，即推测在长陵车站一带存在一个没有城墙、"四面环水"的郭城[77]。

"无城说"的代表人物则是王学理。他指出，秦咸阳实际是个有范围而无轴心，有宫城而无大郭城的城市，在布局上呈散点分布的交错状态，作为政治中枢的中心建筑也未定型，这一状况的出现，是由于秦国处于特定的历史条件。针对"半毁说"，王学理指出，"如果渭水北移冲去咸阳的一部分，势必在今北岸的地层中留下两处墙基断岔。但迄今在这一带没有发现有关城的任何痕迹"，"几十年来考古工作者的多人多次勘查竟未获得蛛丝马迹的线索，不能不说是一个重要的信息"。他注意到"有关咸阳的文献记载，多是详宫而略城的"，"宫自为城，长作稳定。阿房后起，取代必然。多设宫城，卫星点点，再加上首都地域辽阔，就未必更筑咸阳大城（外郭城）"[78]。

支持"无城说"的学者呈增多的趋势，他们大体一致的意见是，秦都咸阳是一个缺乏统一规划思想指导的不断扩展的开放性城市，其范围从渭北逐步扩大到渭水以南，最终形成了横跨渭水两岸的规模[79]。梁云更论证秦咸阳的外郭无垣，除了战时"无暇作长治久安式的全景规划"，还应与统治者心中的"天下""宇内"思想的成熟有关[80]。

看来，关于秦都咸阳的布局结构，还有待进一步探究。

从文献记载和考古发现看，随着秦的国势渐强和兼并战争的不断深入，约当战国中晚期之交，秦都咸阳开始向渭河以南扩展，多处宫室苑囿应始建于此时。就目前的材料看，秦咸阳外郭城城墙尚无考古线索可寻。在渭河两岸几十平方公里的范围内，各类遗存分布广泛，取开放之势。秦始皇时更积极向渭南发展，"营作朝宫渭南上林苑中。先作前殿阿房，……周驰为阁道，自殿下直抵南山。表南山之颠以为阙。为复道，自阿房渡渭，属之咸阳，以象天极阁道绝汉抵营室也"（《史记·秦始皇本纪》）。分布于咸阳城周边的这些离宫别馆是整个都城的有机组成部分。可以说，直至秦末，秦都一直处于建设中，范围不断扩大，整个城市的重心也有南移的趋势。

同时，秦王朝还划都城所在地区为"内史"，建立以咸阳城为中心的京畿，并"徙天下豪富于咸阳十二万户"（《史记·秦始皇本纪》）以充实之，形成更大规模的首都圈。都城总体规划取开放之

关中秦宫分布（《咸阳帝都记》）

势，充分显现了一代帝都旷古未有的威严与壮观。从某种意义上讲，秦都咸阳是一座未完成的城市。

东汉洛阳：最后的无郭之都

由上可知，尽管对汉长安城的布局结构诸问题有较大的争议，但学者们对紧随汉长安城之后兴建的东汉洛阳城却有相当的共识。

第一，东汉洛阳城的都城朝向无疑已坐北朝南，规划性比扩建而成的汉长安城稍强。

东汉洛阳城南垣的平城门与南宫相连，已成为全城最重要的城门。但北宫与南宫占据城内大部，位置略有参差，就全城而言，中轴线的规划思想也并不鲜明。魏晋以降都城中普遍存在的中轴线布局，特点是以从宫城正门南伸的南北向长距离主干大道为轴线，对称布置整个城区。一般认为，这种规划尚未见于秦汉都城，首开这种规划制度先河的是曹魏邺城。

第二，东汉洛阳城城圈属于内城，城内宫殿区的面积仍然较大，仍处于以宫室为主体的都城布局阶段。

宫殿区规模的巨大化是从战国到东汉时期都城布局的一个显著特点。与叙述东汉洛阳城仅限于城圈的观点[81]相左，杨宽认为"洛阳城依然属于内城性质。南宫和北宫不仅面积很大，而且占据城中主要部位……宫殿、仓库、官署，和西汉长安一样，布满整个都城之内"，"洛阳整个城属于'皇城'（内城）性质"[82]。的确，总体上看，东汉洛阳城内宫苑面积达全城总面积的二分之一左右，仍处于

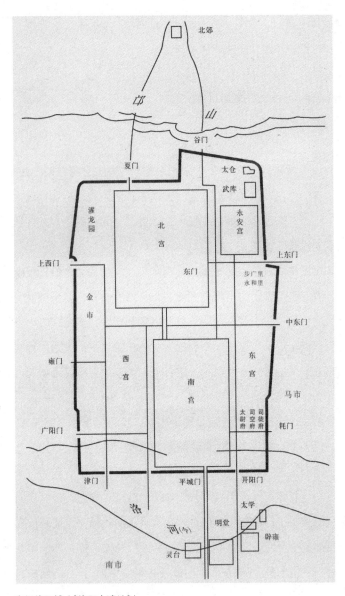

东汉洛阳城(《洛阳大遗址》)

以宫室为主体的都城布局阶段。相比之下，对居民里间与商市的安排则处于从属地位。一般居民多居于城外，三处著名工商业区中的南市和马市也都位于城外[83]。

第三，东汉洛阳城虽有较大的郭区，但并无具有实际防御作用的郭城城垣。

据《洛阳伽蓝记》卷四载，洛阳东郭以新开漕渠（阳渠）作为屏障，在上东门以东七里的漕渠上建有桥梁，称为七里桥，并在桥东一里建有"门开三道"的东郭门。洛阳西郭以"南临洛水，北达邙山"的张方沟作为屏障，在上西门以西七里的张方沟上建有张方桥，东汉称为夕阳亭，是上西门的外郭亭所在。夕阳亭又叫洛阳都亭，具有郭门性质。杨宽据此指出，洛阳的南郭就是南城墙与洛水之间东西宽六里、南北长四里的地区。汉魏洛阳与西汉长安一样，"以天然河流与新开漕渠作郭区的屏障，同样以桥梁与郭门作为郭区的门户，或者以桥梁与外郭亭作为郭区的关口"，而"汉魏洛阳之所以会有与西汉长安如此相同的结构，该是东汉都城的建设沿用了西汉的制度"[84]。

在"杨刘之辩"中，尽管刘庆柱不同意杨宽关于汉长安城外有"大郭"的观点，但也认可在西汉中期后，人们把汉武帝时修建的漕渠与宣平门以东大道交汇处称为东郭门，正像汉魏洛阳城以张方沟上的张方桥为西郭门一样[85]。这表明论辩双方在西汉长安城和东汉洛阳城均存在观念上的郭区的认识是一致的。

《中国考古学·秦汉卷》对洛阳城外的遗存做了较详细的介绍："据文献记载，当时在洛阳城周围，最高统治者同样精心营造了为数众多的宫、观、亭、苑，近城地带，更是各种重要礼制建筑

汉魏洛阳城城垣（《中原古代文明之光》）

的所在地和人口较为密集的居民区。""洛阳三市中金市以外的马市和南市，分别设于城东和城南。"此外，还有白马寺、汉大将军梁冀所筑皇女台及私家园林等。其中北郊兆域，南郊圜丘、灵台、明堂、辟雍等遗址，都经调查、勘探和重点发掘。"历年来勘察实践显示，当时的手工业遗址主要分布于城外。"[86] 显然，上述种种，构成了郭区的内涵。东汉洛阳城城圈的内城性质、郭区的内涵与结构，对解读西汉长安城的形态具有重要的参考意义。

由前述分析可知，秦汉都城的都邑布局具有一定的延续性，总体上显现出大都无防的格局和宏大的气势，与其进入帝国时代的社会发展进程是相适应的。

三 东周城郭 乱世独作

与秦汉时代形成鲜明对比的，是此前长达五百余年的春秋战国时代（公元前770～前221年）。这一波澜壮阔的时代，政治上列国分立，各自立都，多元竞争；经济上手工业兴盛，贸易繁荣；思想文化上百家争鸣；军事上兼并战争频繁，筑城扩城运动大规模展开，"千丈之城，万家之邑相望"（《战国策·赵策三》）。

在这一历史背景下，突显防御功能的城郭布局，在诸国之都应运而生。徐苹芳将其概括为宫城加郭城的"两城制"形态[87]。如果说内城外郭的格局是春秋时期"卫君"的最佳设防，那么随着社会矛盾的日益尖锐，各国统治者竭力使自己的栖身之所脱离居民区的包围，并满足其恣意扩建宫室的奢欲，似乎就成为战国时期各国都城新格局出现的主要原因。而军事、国防设施等的长足进步，也使宫城单独设防成为可能。

以往关于中国古代都城发展史的论述，大都认为春秋战国这一阶段的都城形态是承上启下、一脉相承的。如前所述，杨宽和刘庆

春秋、战国时代的诸国（《中国の考古学》）

柱两位先生尽管就中国古代都城的发展模式有过多轮不同意见的交锋，但在这一问题上却有着一致的看法。杨宽认为"从西周到西汉是西城联结东郭的时期"，这种西城东郭的制度，是礼制在都城规划上的反映，它"不但为春秋战国时代中原各诸侯国先后采用，而且也为秦都咸阳和西汉都城长安所沿袭"[88]。刘庆柱则提出了从史前时代方国或邦国的"单城制"，到夏商周王国时代的"双城制"，再到秦汉至明清帝国时代的"三城制"的演化模式[89]。通过以上对秦汉时代都邑的分析，我们知道春秋战国时期城郭布局的兴盛和形态变化，在中国古代都城发展史上，是前无古人后无来者的。它似乎只是特定历史时期的产物，并非都邑单线进化史上一个必然的链条。

内城外郭话春秋

战国时期城址大规模的增筑和改建，使许多春秋时期的城址遭到破坏，因此我们对春秋时期主要诸侯国都邑面貌的认识较之战国都邑要薄弱得多。有的学者主要依据文献资料对春秋战国时期的城郭布局进行了复原，认为将宫城置于郭城之中即"内城外郭"是这一时期城郭布局的正体。"内为之城，城外为之郭"（《管子·度地》），是春秋都城布局的基本模式。与此形成鲜明对比的是，凡战国时期新建或改建的都城，格局都为之一变，出现了将宫城迁至郭外或割取郭城的一部分为宫城的新布局[90]。这一趋势，在考古发现上亦有迹可循。

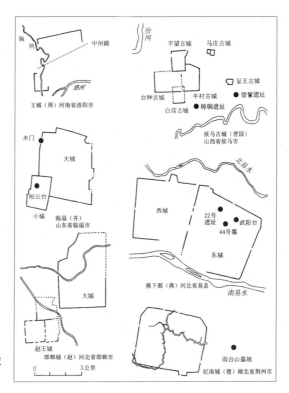

东周时代的列国都城
(《中国の考古学》)

鲁都曲阜

据《左传》《史记》等文献记载,周初,周公长子伯禽代父受封于鲁,一般认为建都于曲阜。还有一种说法是鲁国的第三代国君、伯禽之子"炀公徙鲁"(《史记·鲁周公世家》集解引《世本》言),时间上较伯禽受封晚50年左右,约当西周康王时期。鲁国历西周至战国时期,一直以曲阜为都,至鲁顷公二十四年(公元前249年)楚灭鲁,鲁国以曲阜为都约700余年。

曲阜鲁城位于山东省曲阜市城区及其附近。1942~1943年，日本学者关野雄、驹井和爱等在该遗址进行了初步调查和发掘[91]。此后陆续有零星的周代文物出土。1961年被国务院公布为全国重点文物保护单位。1977~1978年，山东省博物馆等单位对整个城址进行了全面勘探与试掘，随后出版了《曲阜鲁国故城》[92]，这是第一部有关周代都城遗址较为系统全面的田野报告专集。通过钻探和试掘，初步查明了曲阜鲁国故城的年代、形制和基本布局，为深入研究这座周代诸侯国都城，解决相关的诸历史问题提供了重要的依据。

考古资料表明，鲁都曲阜在整个西周时期并没有建造外郭城墙，最早的可确认城垣的建筑年代，约当两周之交或略晚[93]。所以，我们论及鲁都曲阜的城郭布局，限于春秋战国时期。

城垣平面呈不规则长方形。除南垣较直外，其余三面均有弧曲，四角呈圆角。东西最长处约3700米，南北最宽处约2700米，总面积约10平方公里。北垣和西垣沿洙水修筑，南、东两面则挖有护城壕与洙水相连。共发现城门11座，东、西、北三面各有城门3座，南垣有2座。近年在对南东门的发掘中，发现了门道两侧有两大夯土台基，应属墙体外的附属建筑基址，或为"阙台"基址[94]。城内已探出东西和南北交叉的道路各5条，都通向城门和重要遗迹。城内北部和西部发现了周代冶铜、制骨、制陶和冶铁作坊遗址共10处。城外东北部发现有制陶遗址1处。大型夯筑基址则较为集中地分布于城的中部和中南部。在城内西部还发掘出100多座两周时期的墓葬，分属于数处墓地。城南1.5公里许有"舞雩台"夯土台基。

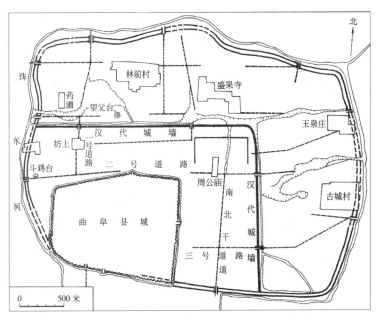

曲阜鲁故城（《先秦城市考古学研究》）

  曲阜鲁国故城占地 10 平方公里的外郭城垣[95]在春秋时期已建成，但是否存在宫城，具体范围如何，还不甚明确。据称，城内中部略偏东北的周公庙高地的边缘地带，1970 年代曾发现了断续分布的窄夯土墙（宽约 2.5 米），夯土墙圈围起的面积约 25 万平方米。发掘者认为应属宫城城垣，但与其他东周都城中的宫城相比，这个围垣设施与外郭城面积之比相差悬殊，面积与墙宽都显得过于窄小，更像是宫庙区内的一个大的庭院，可能即鲁国宫室的宗庙之所在[96]。近年在周公庙建筑群周围又发现了夯土墙和壕沟。夯土墙一般宽 14~23 米，壕沟宽 7~20 米。夯土墙圈围起的范围东西最长约 460 米，南北最宽约 260 米，城内面积约 11 万平方米，墙、

三 东周城郭 乱世独作 77

壕基本围绕在台地四周。在西部发现一门道。对其中大型夯土建筑基址和水井等遗存的发掘，表明其建筑与使用年代在春秋晚期至战国中期[97]。

《春秋》中提及鲁国曾于成公九年（公元前582年）和定公六年（公元前504年）先后两次"城中城"，这里的"中城"，一般认为应即鲁都的内城[98]。曲英杰更推断周公庙高地及周公庙村一带约千米见方的区域，应是鲁国的宫城之所在，这当然还有待于考古学上的证明。但由考古与文献材料，推断春秋时期鲁都的内城（宫城）位于外郭城之中，是大致可信的。

齐都临淄

据《史记·齐太公世家》记载，周武王灭商后，封姜尚为齐侯，都营丘，后又徙都薄姑。自齐献公元年（公元前859年）由薄姑迁都于临淄直至齐王建四十四年（公元前221年）秦灭齐，临淄作为姜齐与田齐的国都历600余年。

齐国都城临淄城，位于山东省淄博市临淄区齐都镇。1930年，中央研究院历史语言研究所曾派李济、吴金鼎到临淄实地考察。随后，山东省图书馆王献唐考察临淄封泥出土地点，并对齐故城的形制进行了初步研究和考证。1940～1941年，日本学者关野雄连续到临淄调查，对齐故城城垣进行了测量，并对临淄齐故城的形制进行了复原研究[99]。1957年，山东省文物管理处对该遗址做了初步的调查、钻探与试掘。1961年，国务院公布其为全国重点文物保护单位。1964年夏至1970年代初，山东省文化主管部门会同中国历史博物馆、北京大学、中国科学院考古研究所（后隶属中国社会科学院）等单位，对城址进行了系统的勘探和重点试掘，大体探明了城址的范围、形制和城垣的保存状况，初步了解了城内的文化堆积、交通干道、排水系统、手工业作坊、宫殿建筑和墓葬等遗存的分布情况[100]。1976年至80年代，又在城内的多处地点以及大城北墙、大城西墙（含排水涵道）、小城北墙等处进行了发掘。20世纪八九十年代，在临淄城的周围又发现并发掘了大批中小型墓葬和若干大型墓，初步建立起了临淄地区齐墓的年代分期序列[101]。

齐都临淄由大、小两城组成。其中位于大城西南，部分嵌入大城西南角的小城，始建年代约当战国早中期，极有可能是田氏代齐后始建的新宫城；而西周时期的遗存，仅分布于大城的东北部，只在大城北墙的东段发现了夯土城墙的线索。

据分析，在小城兴建前，春秋时期扩建而成的大城大体呈纵长方形，占据了后起小城的东北部区域。其东西约3500米，南北约4100米，总面积约14平方公里。值得注意的是，发掘者指出，大城西区和东南区，主要是战国和汉代的文化遗存，也发现了春秋晚期的遗存；而大城西墙经解剖，确认最早的墙垣始建年代不早于春秋晚期，或为战国早期[102]。所以，目前所知大城的始建年代及大城区域被普遍利用的年代，只能上溯至春秋晚期。

与西周时期的城垣一样，早至春秋早中期的夯土城垣，也仅见于大城北墙东段一处。而春秋时期大部分时段文化遗存的分布范围，似乎也仅限于西周时期开始兴盛的东北部。临淄大城内文化堆积最为丰厚、遗迹最为复杂的地带是东北部，尤其是河崖头村西南和阚家寨村东北一带的"韩信岭"高地，文化堆积厚3～4米，发现了夯土遗迹。1960年代在河崖头一带探明大、中型墓20余座和

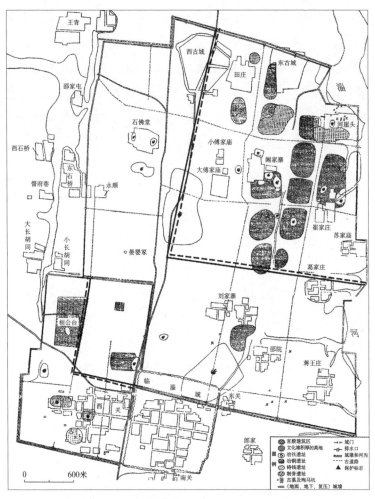

临淄齐故城扩展推测示意(《临淄齐故城》)

大型殉马坑多座，有的大墓带有墓道；在河崖头村西清理的几座大、中型墓均棺椁齐备，墓室内积石、积炭，有单墓道，残存铜车马器、乐器和兵器，以及玉器、石磬等，墓主应属上层贵族，墓葬年代在春秋中晚期。1970年代清理的5号东周墓是一座春秋晚期的"甲"字形石椁大墓，在墓室的东、西、北三面有连成一体的大型殉马坑，已清理的部分出有殉马228匹，根据密度推算，全部殉马当在600匹左右。发掘者推测这一带应属姜齐的贵族墓地即"公墓"所在。这和春秋时期其他诸侯国都城中"公墓"置于郭城内的布局状况是一致的。

根据《左传》《史记》中围城焚郭等事件所提供的线索，可知春秋姜齐都城郭内有宫城，且宫城位于中心地带[103]。因此大城东北部西周春秋时期文化遗存集中分布的这一区域，有可能就是姜齐所都临淄城之所在。在对勘察报告的检核中，我们注意到，上述大城中部南北向干道，在与大城北部东西向干道交汇后西折约100米，到与大城中部东西向干道交汇处又向东折回100米左右。根据城市遗址复原的经验，出现这种情况的最大可能是该处有无法拆移的重要建筑物，后形成的干道只能避开它而沿其西缘继续南行。这一现象使我们有理由做出这样的推断：在上述两条东西向干道和向西折曲的南北向干道围起的阚家寨一带，极有可能是姜齐的宫城之所在。

郑都新郑

据《左传》《国语》《史记》等文献记载，西周末年至春秋初年，郑国自郑（今陕西省华县）东迁，建都于今河南新郑一带，时称"郑城"。至公元前375年韩哀侯灭郑，郑国以此为都近400年。为区别于旧都之"郑",后人称此地为"新郑"。其后,韩国由阳翟(今河南禹州)徙都于郑,至公元前230年秦灭韩,韩又都此凡146年。

郑韩故城的地理位置,在《水经注·洧水》中有较为确切的记述。城址位于河南省新郑市城区及其外围,地处双洎河和黄水河交汇处的三角地带,城垣保存较好,大部分保留于地面以上[104]。1923年,地处城址内的李家楼春秋晚期大墓被盗,发现了大量青铜器和玉器,翌年,北京大学马衡先生前往调查,推断其为"郑伯之墓"[105]。1950年代以来,通过考古调查和试掘,确认该城即历史上的"郑城"。这个先后作为郑国和韩国都城的遗址,现通称郑韩故城遗址。1961年,国务院公布其为全国重点文物保护单位。1964～1975年,河南省博物馆在城址内进行了比较全面的钻探工作,初步了解了各种遗存的分布状况,并在此基础上进行了重点试掘[106]。1980年代以来,郑韩故城遗址的发掘工作持续不断[107],对该城址的认识也随之不断加深。但郑都和韩都两城叠压,在都邑布局上的继承和变异之处,颇难究明。

城垣依双洎河和黄水河而筑,曲折不齐。城址分东、西两城,中有南北向的夯土隔墙。东西长约5000米,南北宽约4500米。西城平面略呈长方形,北墙保存较好,长约2400米,东墙(即隔墙)长约4300米。在北墙中部、东墙北部和中部各发现城门一座及路基遗迹。西墙和南墙可能被双洎河冲毁。东城平面不甚规则,北墙长约1800米;东墙中部折曲,发现城门一座,南段沿黄水河西岸修筑,全长约5100米;南墙筑于双洎河南岸,长约2900米。城垣始建于春秋早期,春秋和战国时期续有修补。

西城的中部和北部分布有密集的夯土建筑基址,有的面积达

郑韩故城（上：《中原古代文明之光》，下：《新郑郑国祭祀遗址》）

六七千平方米，夯土基址间相互叠压的层位关系，表明这里应是郑、韩两国的宫殿区所在。西城中部又有一小城，东西长约500米，南北宽约320米，已发现了北门和西门的遗迹。小城内的中部偏北发现有大型夯土建筑台基。这一小城可能是宫城遗址。其西北现存一座俗称"梳妆台"的夯土台基，南北长约135米，东西宽约80米，高约8米，台上发现有陶井圈构筑的水井和埋入地下的陶排水管道。

东城内最重要的发现当属近年来出土的多座青铜礼乐器坑等遗存。1993～1996年，在东城中部、中南部和西南部等处接连发现

三　东周城郭　乱世独作　83

郑国祭祀遗址乐器坑清理
(《新郑郑国祭祀遗址》)

了春秋时期的青铜礼乐器坑19座,殉马坑80座左右,出土成组青铜礼器和乐器共300余件。这些青铜礼乐器坑和殉马坑大体呈东西排列,分布有序,周围未发现墓葬,坑内的礼乐器组合与同时期贵族墓中随葬品的组合基本相同,可能与祭祀有关[108]。这几批青铜器数量之丰富,组合之完整,工艺之精美,在整个东周考古发现中亦属罕见,对于研究春秋时期礼乐制度的演变,尤其是当时颇负盛名的"郑卫之音"的内涵,都具有重要的价值。

以往的研究多基于总平面图,无法做进一步的动态解读。在考古材料不充分的情况下,出现了不少推想。如杨宽认为西"城"的建筑较早,而东"郭"的城墙是后来修筑的;虽然文献中有春秋前期"郛"或"郭"的记载,但都应是利用洧水和黄水等自然沟壑作为防御[109]。史念海更认为东城是韩灭郑后修建的郭城[110]。

郑韩故城的发掘主持人马俊才梳理历年的考古资料,并结合文献记载,对郑都和韩都平面布局的变化做了综合分析,值得重视。由考古发现可知,新郑郑都城垣圈围起的面积,居然大于韩都,其南垣的大部分,将洧水包裹于城内,使其穿城而过。郑都和韩都在布局上最大的不同,是中间尚无隔墙,因而并未形成东西分立的城郭布局。按马俊才的复原,太庙、宫殿区、社稷等祭祀遗存、仓廪区,以及郑公墓区,都在城内中部一带[111]。

虽然尚未发现郑都的宫城,但据《左传》等文献记载,郑都是有内城或宫城的,因此春秋时期郑都内城外郭的布局,大致可以得到肯定。

郑韩故城的内外均分布着春秋战国时期的墓地。其中,西城内东南部的李家楼、东城内南部的后端湾至仓城一带是春秋时期的贵族墓地。春秋战国时期的一般墓葬区则多分布于城外。

城郭并立惟战国

城郭布局由春秋到战国的变化,似乎还可以更为简洁地概括为从"内城外郭"变为"城郭并立"。这一观察结果在对相关城址的深入分析中也得到了验证。就城、郭的相对位置而言,战国时期的列国都城大体可分为两类:一是宫城在郭城之外,如临淄齐故城、邯郸赵故城等；二是割取郭城的一部分为宫城，如曲阜鲁故城、新郑韩故城、易县燕下都（东城利用河道分割宫城与郭城，西城则为附郭），洛阳东周王城、楚都纪南城似乎也可归入此类。

齐都临淄

战国齐都临淄城的城垣建于淄河与系水之间，由大、小两城组成，总面积约16平方公里。大城的始建年代不早于春秋晚期，平面略呈长方形，南北长约4000米，东西宽约4500米。东墙因沿淄河修筑，曲折不齐。南、北墙外有护城壕，东、西两面则以淄河和系水为天然城壕。已探出东、西门各1座，南、北门各2座，连同小城所见共发现城门11座。

小城位于大城西南，部分嵌入大城西南角，始建年代约当战国早中期。平面略呈长方形，南北长约2200米，东西宽约1400米，面积约3平方公里。共发现5座城门，其中南门2座，东、西、北门各1座。城垣外有护城壕。一般认为，小城应是宫殿区所在，即田氏代齐后的宫城。其北部分布着大片夯土建筑基址，中心建筑为一平面呈椭圆形的夯土台基，俗称"桓公台"，台高14米，东西长约70米，南北长约86米。"桓公台"基址分上、下两层，下层属战国时期，上层属汉代。小城内的东、西部有铁器作坊遗址，南部有铸铜和制造"齐法化"刀币的铸钱遗址，应为直属中央官府的手工业作坊遗存。

战国齐故城的城内有全城性的排水系统，小城和大城均发现排水道。在大城西北隅的城墙处，有用大石块垒砌出的外宽内窄的涵洞。在小城探出3条干道，大城内探出7条，都与城门相通，把全

齐都临淄大城石砌排水道（《临淄齐故城》）

城分隔成10多个棋盘格式的区域。

在齐故城周围分布着大量有封土的东周墓葬和高台建筑基址。战国时期田齐的王陵区则位于城东南约11.5公里的牛山一带，共有六陵，东西并列，占地广阔。皆因山造墓，故现今犹存高大的封土堆，冢下还有若干较小的冢墓。自牛山至齐故城之间的大片地段，又有多处东周墓地，当是国人墓地即"邦墓"之所在[112]。

梁云据考古发现推测，田氏代齐后，可能夷毁了原姜齐的宫殿，辟为手工业区。他注意到，在大城东北部分布着大面积的冶铁遗址，在"韩信岭"还发现冶铜遗址，可知这里也是主要的手工业区。这一带本来应是西周至春秋时期姜齐的宫殿区，而商周城市布局中绝无宫殿区和主要的手工业区同处一地的道理。那么如何解释考古勘察中发现的这一矛盾现象呢？他的解释是，铁器

三 东周城郭 乱世独作 87

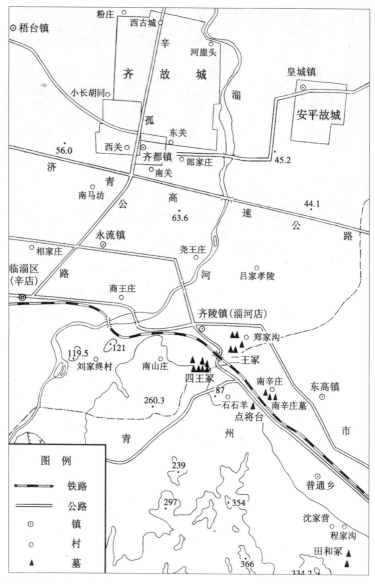

齐都临淄与田齐王陵(《临淄齐墓(第一集)》)

在春秋时期还很稀少，战国后冶铁业才得以迅猛发展，这些冶铁遗址应主要是在战国以后形成的，与姜齐宫殿并不共时，是在后者废弃后才开辟成手工业区的[113]。这一推想是有道理的，当然还有待日后考古工作的证明。

如前所述，目前探明的临淄齐都大、小城的布局，形成于战国时期，其中小城始建于战国早中期，与田氏代齐立为诸侯的时间基本相合，很可能是田氏代齐后始建的新宫城。齐国都城由"内城外郭"到"城郭并立"的发展轨迹是非常显著的。

另一个值得注意的现象是，小城北墙（宽55米余）明显宽于小城西墙（宽20～30米），东墙和北墙外的城壕（25米左右）明显宽于小城南墙和西墙外的城壕（宽13米左右）；小城的东北角特别宽大，似有角楼之类建筑[114]。另外，东门和北门两侧的墙体构造异常复杂，门道表现出"窄而长"的鲜明特征。这表明小城建造时对与大城相连的东、北两面的防御设施给予了充分的关注，"防内重于防外"，反映了齐国内部社会政治局势的紧张，应是田氏代齐特殊历史背景下的产物[115]。从后文叙述的城郭分立的情势看，这种紧张关系在战国时期的诸国是具有普遍性的。

赵都邯郸

《史记·赵世家》《汉书·地理志》均载，赵敬侯元年（公元前386年），赵自中牟（今河南汤阴）迁都于邯郸，至赵王迁八年（公元前228年）被秦攻破，邯郸作为赵国都城共150余年。其年代处于战国中晚期，布局具有鲜明的战国时代"两城制"的特征。

赵国故城邯郸位于河北省邯郸市区及其外围。考古学上对邯郸故城的认识，有一个过程。目前可知，全城总面积约17.19平方公里[116]（原测量数据为近19平方公里），分为"赵王城"和"大北城"两大部分，彼此不相连接。然而，在"大北城"发现之前，一般多以"赵王城"为邯郸故城。1940年，日本学者驹井和爱、关野雄等曾在这一带做过考古调查和局部发掘，所得结论也是如此，并认为战国至汉代的邯郸城是由南向北发展的[117]。1950年代以来，河北省文物管理处等单位对赵王城进行了全面的钻探调查，确认了由3座小城组成的"赵王城"的范围和布局，并发现了"大北城"遗址，钻探出了部分城垣并对其内的部分遗存进行了发掘清理。1961年，国务院公布其为全国重点文物保护单位。但直到1970年代后期，仍指认"赵王城"为邯郸故城，而其与"大北城"的关系则"尚未弄清"[118]。1980年代初期发表的调查简报和报告，正式提出了整个邯郸故城包括"赵王城"和"大北城"两部分，"赵王城"是赵都王宫所在地，而"大北城"是邯郸的古城，也是赵都的居民城和手工业区。作为宫城的"赵王城"始建于战国时期，兴建年代约在赵都迁入邯郸前后；而作为郭城的"大北城"可能略早[119]，很可能是在春秋晚期赵氏封邑的基础上扩展而成的[120]。

"赵王城"由平面略呈"品"字形的3座小城组成，每个小城长宽各1000米左右，3座小城的总面积约5平方公里。从赵王城内夯土台基的长宽比和地势看，作为宫城的赵王城的总体布局应是坐西朝东的[121]。西城近正方形，有多处城门遗迹。其中部偏南处的"龙台"，为一大型夯土建筑台基，东西宽265米，南北长296米，残高19米，是迄今所见战国时期最大的夯土台基。城的北半部还有夯土台5座，最大的两个与"龙台"处于同一条中轴线上。此外，在

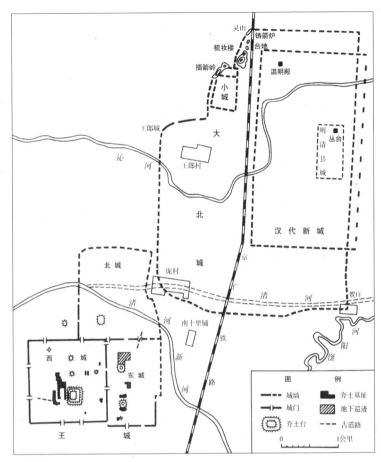

赵都邯郸城（《赵都邯郸城研究》）

"龙台"的西部和西北部钻探出了大面积的夯土建筑基址，城内其他地点也有零星发现。东城略小，近西垣处有 2 座大型夯土台基，在两台基附近还发现有数处夯土基址和 1 座较小的夯土台基。北城西垣内外有两座大夯土台基东西对峙，中部近南垣处也有 1 座较小的夯土台基。各台基周围均堆积着大量的瓦片、瓦当等建筑遗物。

赵王城"龙台"鸟瞰（《赵都邯郸城研究》）

"大北城"位于"赵王城"东北部，其城垣西南角与"赵王城"北城的东北角相距约80米。城址平面略呈长方形，西北隅曲折不齐。南北最长处为4880米，东西最宽处为3240米，面积约13.8平方公里。城垣保存状况较差，部分城垣尚未找到，但西北隅的插箭岭、梳妆楼、铸箭炉、灵山诸夯土台基与城垣遗迹仍高出地面，这些台基遗址应是战国至汉代的一个建筑群。在这一建筑群之东南、大城的西北角还发现一座小城，小城的西垣北段及北垣即曲折不齐的"大北城"的西垣，小城平面略呈梯形，南北长约700米，东西宽290～400米。"大北城"东北部的丛台也是一处战国时代的夯土建筑基址。大城内发现有战国至汉代的冶铁作坊遗址3处、铸铜作坊遗址1处、制陶作坊遗址5处、制骨作坊遗址1处和石器作坊遗址1处，大都集中分布在中部偏东一带。

邯郸城郊外的遗址和墓地，主要发现于西郊及西南郊区一带。赵国贵族墓地集中于城西郊和西北郊区沁河两岸的岗坡上。城西北10公里以外的今邯郸市与永年县交界处的丘陵地带，已发现了5座赵王陵园。陵园中各有陵台，周围有陵园围墙，台上有台基遗迹，应属"享堂"类建筑遗存。四周还分布着若干属陪葬墓性质的中、小型墓葬[122]。

关于邯郸故城的布局，有的学者提出了不同的意见，认为赵都邯郸故城应指今大北城，而处于制高点的大北城西北部的夯土建筑基

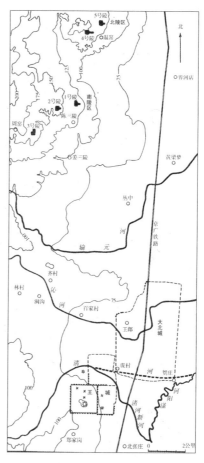

邯郸城与赵王陵（《赵都邯郸城研究》）

址群和小城一带，有可能是宫城所在地，赵王城只不过是一处重要的离宫而已[123]。大城西北部诸台基和小城的确切年代与性质，的确是探索邯郸故城布局的一个关键所在，但目前的考古材料尚不充分，问题的最终解决还有待于今后的工作。

鲁都曲阜

在战国时代诸侯国的都城中，争议最大的是鲁都曲阜的布局。由于发掘者认为该城大圈套小圈的城郭布局不同于东周城址，可能反映了西周城市的特点，而整个都邑的布局由西周初年一直延续到战国时代鲁国被灭，"贯串两周始终"[124]，所以鲁都曲阜也就成了一个特例，它的不变，迥异于急剧变化的同时代其他诸侯国都城，予人以深刻的印象。

但实际情况可能并非如此。梳理该城的考古材料，可以认为，如果说西周鲁都"无城"、春秋鲁都内城外郭，那么战国鲁都又毫无例外地"与时俱进"——出现了城郭并立的新格局[125]。

发掘者推断割取城址西南部的城址始建于西汉晚期，其西、南两墙分别利用了鲁城的西、南垣，东、北两面则为新筑[126]。我们注意到，鲁城内发现的东周时期9处大型夯土建筑基址，有8处位于"汉城"城墙之内，沿汉城北墙、东墙排列，无一逾出城墙。其中周公庙建筑基址位于汉城东北角，5处东西并列的夯筑基址紧贴汉城北墙。东周时期的建筑基址均位于汉城以内且沿汉城城垣排列，这大概不是偶然的巧合。这使人有理由推测：至少在战国时期，大致在现存的汉城城垣的位置上或其近旁，是否就已有割取大城西南部的城垣存在呢？

据报告，"汉城"城垣的夯层中发现了两种夯具的痕迹：圆形平底的金属夯窝和圆形圜底夯窝。在鲁城的其他发掘地点尚未发现同一时期共用两种夯具的现象，城南的"舞雩台"遗址更发现了上述两种夯窝直接叠压的层位关系：圆形圜底夯窝见于上层夯土，时代属西汉；圆形平底夯窝，见于其下的中层夯土，属战国时期[127]。

因而，这座汉城的墙基是否可做详细的分期，是需要通过进一步的工作来解决的问题。从目前的情况看，该城的城垣极有可能始建于战国时期。

另外，鲁城内所发现的5处墓地中，两处位于汉城内，即斗鸡台墓地和县城西北角墓地，墓葬年代属西周至春秋时期。汉城内迄今尚无战国墓发现。而汉城北墙外的望父台墓地则分布有战国时期的大、中型墓。该墓地应是具有"公墓"性质的贵族族葬墓地。战国时各国"公墓"一般已移出城外，极少数位于城内者也均在宫城以外的郭城之内。这种情况也可旁证战国时已有小城存在。

如果这座汉城城垣的始建年代可上溯至战国，或在其近旁战国时已有城垣，则战国鲁城的布局就与燕下都较为接近，即都割取郭城的一部为宫城，而与居民区、公墓区相隔绝。战国宫城一般面积较大，包容全部（至少是绝大部分）宫殿基址和多种遗存甚或空地，鲁城西南部的这座小城，正大体符合上述情况。

韩都新郑

新郑郑韩故城是东周时期唯一一座经武力征伐而经历了改朝换代的都城，这在考古遗存上也留下了鲜明的印记。

按马俊才的复原，韩国对郑都进行了较大幅度的改扩建[128]。首先，韩人放弃了难以防守的双洎河南区域，而以双洎河与黄水河的宽深河谷为天然屏障，沿双洎河北岸另筑了一道城墙；同时加宽、加高了郑都的北、东城垣，沿城墙内侧修筑道路，形成"环涂"，并在西城北垣修筑了4个马面。如此种种，都凸显了强烈的军事防御色彩。

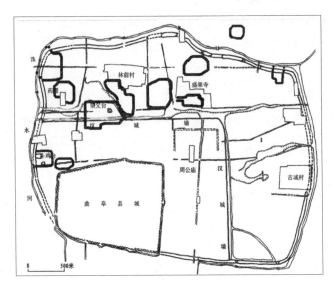

西周遗迹

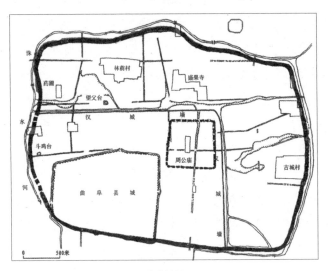

春秋城垣

鲁都曲阜布局演变示意（含右页图）

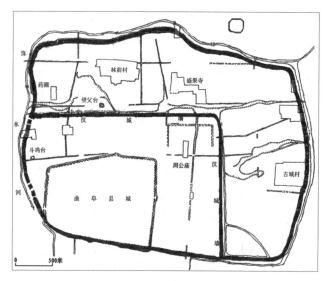

战国城郭

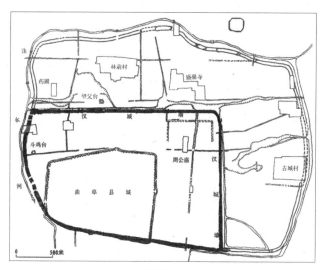

汉代城垣

三 东周城郭 乱世独作 97

春秋郑都

春秋郑都到战国韩都布局演变示意（含右页图）
（《中国历史地理论丛》1999年第2辑，马俊才文）

　　另一项改变都城布局的大动作，是在城址中部筑起一道南北向隔墙，将原郑城分为东、西两城，隔墙东侧有宽10余米的内壕，城壕强化了西城的防御，正式形成了韩都西宫城、东郭城的格局。西城内分布着宫殿区、国朝（或太庙）、官署等重要建筑，东城分布有屯兵区、各种手工业作坊（如铸铜、纺织、铸铁、铸钱、制骨、制玉等）、仓廪区、居民区等[129]。城内各功能区的规划进一步明确。为了容纳尽可能多的人口，城内不再设置墓葬

战国韩都

区，韩王陵墓及大的墓葬区均迁出城外。

新建的南北隔墙拦断了郑国的公墓区，两处冶铁遗址叠压在郑国的贵族墓地和社稷遗址上。宫殿基址等重要遗存，也都是在韩灭郑后废弃的，反映了古代灭国"焚其宗庙，徙其重器"的强烈意识。

目前，郑韩故城以外已探明数十座战国时期的大型墓葬，周围还发现数百座陪葬墓（或车马坑）。其中包括11处王陵区和高级贵族墓葬，分布于城址以西、以南的广大区域。绝大部分陵区都发现

新郑胡庄韩王陵发掘现场（《考古河南》）

了2座或2座以上的大墓，应为王、后异穴合葬墓，周围往往有陪葬墓和陪葬坑[130]。

燕下都

据《世本》记载，春秋时期燕国曾以临易（今河北省雄县）为都。战国时燕还都于蓟（今北京市附近），后世称燕上都，至战国中晚期又营建下都武阳（《水经注》）。此时燕有二都，而非迁都于下都武阳[131]，但从燕下都故城遗存的发现情况看，该地无疑是战国中晚期燕国的政治、经济、军事和文化中心。

城址位于河北省易县东南，地处北易水和中易水之间。据方志文献记载，该地自清代以来屡有文物出土。1929年，马衡等调查了燕下都故城。次年，北京大学考古学会、北平研究院史学研究会等单位联合组成燕下都考古团，马衡任团长，对燕下都遗址进行了小规模发掘[132]。这是中国考古发现与研究史上对东周城市遗址进行田野考古工作的发端。1957～1958年，河北省文物管理委员会和文化部、文物局先后组织力量对燕下都进行了较为全面的调查、钻探和试掘。1961年，国务院公布其为全国重点文物保护单位。1961～1962年，河北省文化局文物工作队又对城址进行了有目的的全面勘察，并对部分遗址和建筑遗存做了重点发掘，基本上弄清了该城址的概貌[133]。此后直至1980年代初期，燕下都遗址的考古工作持续进行，积累了丰富的田野资料[134]。

城址平面略呈不规则长方形，东西长约8000米，南北宽4000～6000米，总面积为30余平方公里，是战国都城中面积最大的一座。中部有一条古河道（相传为"运粮河"）纵贯南北，其东侧还有一与之平行的城垣，二者一道将燕下都分为东、西两城。依勘察发掘报告，东城的始建年代不晚于战国中期；西城稍晚于东城，约营建于战国中期前后。

东城内文化遗存丰富，是燕下都的主体部分。城垣平面略呈"凸"字形，东西约4500米，南北约4000米。已于东、西、北三面各发现1座城门，并发现古道路3条。南垣外以中易水为天然城壕，东、西两垣外则有人工挖掘的护城壕，北城墙1000米以外的北易水也起着城壕的作用。东城中间偏北处有一道横贯东西的隔墙和一条自西垣外古河道中引出的分为南、北两支的古河道。古河道的南段以北，包括北城墙外的大片地段分布着众多的大型夯土高台

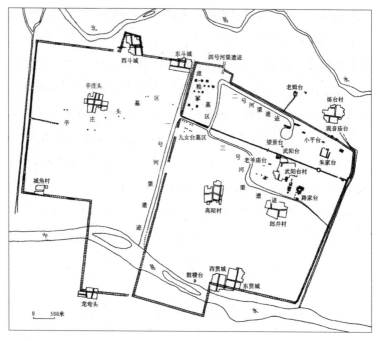

燕下都（《先秦城市考古学研究》）

建筑址，应是燕下都的宫殿区所在。这些高台建筑址以位于隔墙南侧的武阳台规模最大，其东西长约 140 米，南北宽约 110 米，高 11 米，分为上下两层。以武阳台为中心，在其以北约 1400 多米的中轴线上，依次排列着望景台、张公台、老姆台等夯土台基。坐落于北城墙外的老姆台长宽各 95 米，高约 10 米，是燕下都的第二大夯土台基。此外，在武阳台的东北、东南和西南还钻探出 3 组夯土建筑基址群。古河道北支东端为蓄水池，这条河道应主要是为解决宫殿区内用水的需要而开挖的。在隔墙和东城垣北段及北城垣上，各发现 1 座突出于城垣的建筑基址，当属保护宫殿区的防御设施。宫殿区内有制造铁器的作坊遗址2处、兵器和骨器作坊遗址各1处,都集中分布在西北部。

在古河道南支以南直至南城垣的东城南部,分布着17处面积较大、堆积较厚、出土遗物丰富的遗址,这一带应系一般居民区,相当于其他东周都城中的郭城。在靠近古河道南支的东城中部一带,发现有制铁、兵器、铸钱和制陶作坊遗址各1处,形成一较为集中的手工业作坊区。

在东城的西北隅有23座带高大封土堆的墓葬,以隔墙和古河道为界分为两个墓区。以北的"虚粮冢"墓区由分作4排的13座墓葬组成;以南的"九女台"墓区由分作2排的10座墓葬组成。规模最大的封土堆长宽均在55米左右,高11米多。已发掘的墓葬尽管被盗严重,但仍出土了大量成组的仿铜陶礼乐器等遗物。这两

燕下都西城南垣城墙(《燕下都》)

个墓区应属燕国王室贵族的"公墓"区,其时代则约当战国早期至战国晚期。

西城之南、西、北三面有城垣,东西约3500米,南北约3700米,仅在西垣中部发现1座城门及与其相连的道路。城内的文化遗存较少,可能是为了屯兵和加强东城的安全而增建的具有防御性质的附郭城。

除老姆台建筑群及其附属遗迹外,在城外还发现了若干处建筑遗存、作坊遗址和墓葬。如东垣外发现有规模较大的制陶作坊遗址,东城北、东南、东北分别发现6座可能具有防御性质的夯土建筑基址;城南则发现若干处墓群及人头骨丛葬遗迹。上述遗存也是燕下都遗址的重要组成部分。

关于燕下都的营建年代,学界尚有不同的看法。一般多从《水经注》之说,认为燕下都系战国中晚期之交的燕昭王所建[135];也有

燕下都宫室建筑夯土台基——小平台(《燕下都》)

学者认为该地作为燕之下都,约始建于战国中期伊始[136];还有学者主张燕下都应始建于春秋晚期[137]。另外,以往学界论及燕下都之布局,都是将其作为大体同时的遗存来看待的。但综观已有的考古材料,燕下都的布局并非在其成为都城之初就全部形成,而是有一个发展演进的过程。

通过对各时期遗存在数量、内涵和分布范围上演变情况的梳理分析,可知燕下都遗址春秋时期遗存仅发现于东城西南部和中部一带,战国早期遗存的分布有所扩大,但也仅限于东城的南部和西城东南部一隅。这一时期遗存均为一般性居住址和小型墓葬,遗址的性质应属普通聚落。到了战国中期,遗存遍及隔墙以南的东城范围内,开始出现与都城规格相应的各种重要遗存,包括大型夯土建筑基址、作为"公墓"的九女台墓区和规模较大的重要手工业作坊如铸币作坊等,东城城垣也极有可能始建于此期。鉴于此,可以认为,作为都城的燕下都始建于战国中期之初的观点是较为恰切的。战国晚期遗存的分布范围进一步扩展,东城隔墙以北的区域兴建的一系列大型夯土建筑基址及虚粮冢墓区都属于这一时期。这一区域内还分布着若干重要的手工业作坊如制造兵器、铸铁、铸铜和制骨作坊等。该区域很有可能是战国晚期都城扩建过程中新辟出的宫城与公墓用地。战国晚期遗存的分布范围向北已逾出东城城垣以外。随着武阳台—望景台—张公台—老姆台中轴线的出现,东城北部作为都城之中枢的格局愈益鲜明,燕下都的总体城市布局只是到了此时才最后宣告确立[138]。

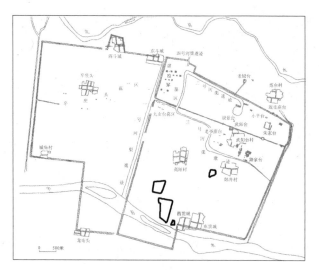

春秋时期,普通聚落

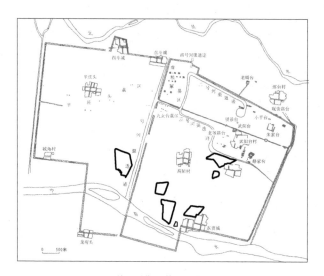

战国早期,普通聚落

燕下都布局演变示意(含右页图)

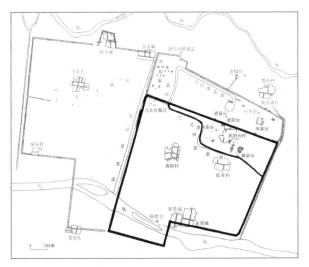

战国中期，始营下都，规格提高，功能分区

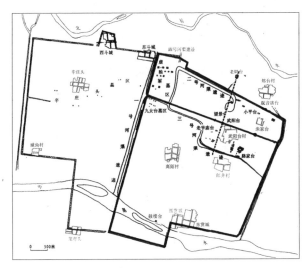

战国晚期，增建扩建，都城中枢格局形成

东周王城与成周

洛阳是东周时期的王畿所在地。一般认为,周自周平王东迁(公元前770年)至周景王止,以王城为都凡十二世。周敬王时为避王子朝之乱,曾迁都于成周(公元前519年),此后,王城与成周并存。战国时期,王畿内又分置为西周和东周两个小的公国。战国时期的王城应主要是西周公国的都城。战国晚期的周赧王时,东、西周分治,原居于巩的东周君迁居成周,周赧王无居处,只好又迁回王城(公元前314年)。至公元前249年,"秦庄襄王灭东周,东西周皆入于秦"(《史记·周本纪》),周亡。依此,周居王城和成周凡500余年。

东周王城城址位于中原腹地洛阳盆地内涧河和洛河交汇处。1950年代进行了较大规模的勘探和发掘。这一跨涧河而建的东周城址,由于文献记载与考古发现的互证,可以确认其即为东周王城。东周时期的成周城,一般认为应是1980年代在现汉魏洛阳城下发现的周代城址。

王城与西周公国都邑

发掘者根据地层关系和出土遗物,推断东周王城的城墙约始建于春秋中期以前,战国时代至秦汉之际曾迭加修补和增筑[139]。新的考古发现表明,只是到了战国时期,东周王城区域才修建起了外郭城垣。关于战国早期东周王城始筑城垣的历史背景,有学者推测系公元前440年"(周)考王封其弟于河南"(《史记·周本纪》),建立西周公国时所为,郭城东墙将春秋时期的王陵区一分为二的做法，只能是东周王城早已东迁成周，而西周公国建立时才能发生的事[140]。如是，则战国时期的王城，主要是西周公国的领地和都邑。

依据1955~1960年的发掘报告，东周王城外围城圈平面近方形，不甚规则。除东南部因地势低洼未发现城墙遗迹外，其余部分基本上保存完好。北墙全长2890米，城外有护城壕。西墙北部在涧河东岸，南部在涧河西岸，南北两端相距约3200米。南墙残存800余米，东墙则残存约1800米。位于涧水以西的西墙南段向外凸出，在结构上似另成一范围，发掘者早年即判断其为战国时期所筑[141]。后来在涧水西岸发现王城的北垣西段，筑建年代也约当战国时期[142]。西墙多处城垣内侧保存完好而外侧因外力侵蚀而受损[143]，关于城址西部城垣的原筑面貌和增筑情况及其与古涧水的相对方位关系，尚有待于进一步究明。21世纪以来，对东周王城东城墙的多处解剖发掘，确认其始筑年代为战国早中期，至战国中晚期又经修补、增筑[144]。2013年，国务院公布其为全国重点文物保护单位。

由多年的考古发现可知，东周王城的宫殿区，应位于城址西南部的瞿家屯一带，遗存的年代可上溯至春秋时期。战国时期宫殿区的结构和布局情况更为清楚。这一区域东起仓窖区东侧的河道，西至古涧河，南至瞿家屯东周王城南城墙一带。至于宫殿区的北缘，也有线索可循。在北距汉河南县城约150米处，曾发现一处战国时期的大型夯土建筑基址。在其北侧，有一条与基址平行，宽3.5米、东西长达数百米的墙垣，墙外有深达7米以上的沟渠，推测可能为护城壕。该城壕向东应与仓窖区东侧的南北向古河道相通。如是，东周王城的宫殿区就形成了以郭城南墙及其

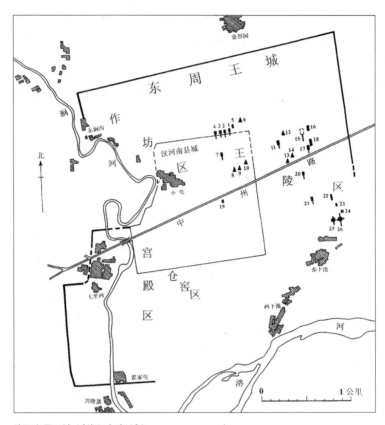

洛阳东周王城（《洛阳大遗址》）

外的洛河、西侧的涧河故道、北侧的城垣和沟壕、东侧的古河道圈围的相对封闭的防御体系，或可称为宫城[145]。巫鸿曾依据1950年代的报告，指出战国时代反映设防趋势的双城结构，在当时的东周王城也不例外。王城现存的城垣似乎属于两个相互关联的长方形：一个定位更为明确的小城圈建于主城墙的西南角[146]。这一意见是中肯的。

洛阳瞿家屯大型建筑基址(《洛阳瞿家屯发掘报告》)

最近十余年来,在这一相对封闭的区域内,发现了大面积的春秋战国时期的夯土建筑基址以及与建筑有关的遗存。总体上看,战国时期的宫殿区与春秋时期略同,惟后者南延至城墙以外的洛河北岸。春秋时期的宫殿区内广泛分布着宫室建筑基址,而战国时期则把东部区隔为仓窖区,成为宫殿区的一个重要组成部分。在12万平方米的范围内,已探出粮仓74座,排列较为整齐,已发掘的数座属战国中晚期[147]。

2004~2005年,在东周王城郭城南墙以南,涧河东岸、洛河以北的台地上,发现了战国中晚期的大型院落式夯土建筑基址群、给排水设施、池苑、暗渠、窖藏坑、水井和陶窑等遗迹,以及大量建筑材料与其他遗物。始建和使用年代约当战国中晚期之交至战国

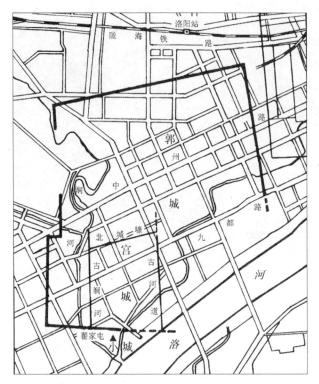

东周王城的宫城、郭城及西南部小城示意（《考古》2011年第5期，徐昭峰文）

晚期[148]。发掘者认为这一区域的遗存规模大、规格高，规划严整，布局讲究，中部为具有王宫性质的封闭院落，东、西两侧有同样呈院落布局的附属建筑群，这一介于南城墙、涧河、洛河和古河道之间的封闭区域，或为战国晚期迁回王城的周赧王之居所[149]，或为西周君宫殿之所在[150]。

东周王城城址中部被汉河南县城叠压，原有遗迹遭到破坏，在该区域还发现有专门烧造冶铁用的坩埚的窑址。上述仓窖区附近可能也是铸造等手工业作坊的集中区。城址北部发现有制陶、制骨、制玉石和铸铜作坊的遗存。其中尤以城内西北部战国时代的制陶窑场面积最大，内涵丰富。此外，城内还发现有多处居住址和排水设施等[151]。

1950年代，在城中部中州路一带发掘了260座东周墓葬。时代自春秋初期至战国晚期，纵贯整个东周时代[152]。迄今为止，在王城的东部、东北部及其附近发现和发掘了数千座东周时期的墓葬、车马坑等。其中东北部发现的墓葬中随葬青铜礼器和铜剑的墓比例较大，可知城址的东北部是王城内的一处重要墓葬区。与城址隔河相望的涧水西岸地区也发现了集中分布的上千座东周墓葬，这一带可能为周人墓地。

在上述宫殿区东北一带，屡次发现东周时期带墓道的大型墓葬和车马坑、殉葬坑。研究者认为，这些大墓均分布于东周王城的东半部，分布规律是东南部属春秋早期，中部属春秋中晚期，北部则属战国时期；带墓道特大型墓葬的主人当为东周国君或其直系亲属，而该区域应属东周王畿地区三个陵区中的王城陵区[153]。其中洛阳西郊第1~4号"甲"字形大墓及车马坑、陪葬坑等，时代约当战国中期至晚期前段，或属西周君陵区[154]。

成周与东周公国都邑

1984年，在汉魏洛阳故城城垣的解剖发掘中，发现了始筑于西周时期，修补增筑、扩建于春秋晚期、战国末期的早期城垣遗迹[155]。根据考古遗址以小地名命名的通则，我们称其为韩旗城址[156]。其中

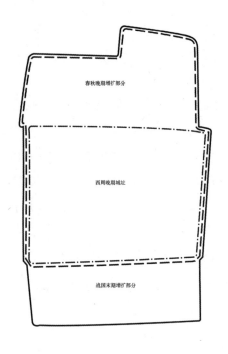

韩旗周城沿革示意（《考古学报》1998年第3期）

西周城址位于汉晋洛阳城的中部，面积逾4平方公里，呈横长方形。至春秋晚期，在修补、增筑西周城址的基础上，又在其北部加以增扩，城圈面积扩大到7平方公里余。到了战国末期至秦代，又向南扩大，达到汉晋时期洛阳城的规模与形制。

这一春秋晚期增筑的城址，一般认为应是周敬王为避子朝之乱迁居于此地时所筑。《左传·昭公二十六年》记，王子朝奔楚后"天王入于成周"，这是东周成周之名最早见于史籍的记录。昭公三十二年（公元前516年），又"合诸侯之大夫于狄泉，寻盟，且令城成周"。至于战国末期至秦代的扩建，发掘者认为应是《读史方舆纪要》引陆机《洛阳记》所载"秦封吕不韦为洛阳十万户侯，大其城"的营缮和增扩活动。

东周时期王畿内的王陵区,一般认为分属三处,除王城陵区外,还有王城西南的周山陵区和王城以东的金村陵区(或称成周陵区、下都陵区)[157]。其中周山陵区位于东周王城西南约5公里,在山丘上分布着4座带有宽大墓道的封土墓。据考证应为春秋晚期至战国早期的周灵王、景王、悼王和敬王之墓。

金村陵区位于东周成周城内北部偏西,1920年代曾在此发现有战国时期的大型墓葬,墓内许多精美文物已被盗掘。据记述,该地共发现8座有较长墓道的"甲"字形大墓,分为南北两列。其中3座墓的墓道两侧各有殉葬的马坑。出土的许多铜器上有铭文,有一些显然属周王室用器。时代纵跨战国时期,应为周王室的墓葬,可能包括周王及附葬臣属[158]。

楚都纪南城

据《史记·楚世家》记载,楚文王元年(公元前689年),楚自丹阳迁都于郢[159],至楚顷襄王二十一年(公元前278年)秦将白起拔郢,楚都北迁于陈(今河南淮阳)。依此,楚国以郢为都逾400年。

荆州纪南城遗址位于长江北岸,因在纪山之南,故后人称之为纪南城。1950年代,该城经多次田野勘察,被推定为楚郢都遗址。1961年,国务院公布其为全国重点文物保护单位。湖北省文物部门随即设立了考古工作站,调查与发掘工作全面铺开。首先对城外的数处墓地及遗址进行了清理。1963~1966年,工作重点转向城内,开始进行系统勘探与重点发掘。同时又在城外发掘了一大批楚

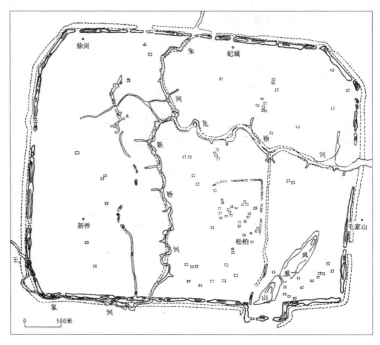

荆州纪南城（《先秦城市考古学研究》）

墓，一系列重要发现推进了楚文化的研究。1975～1979年，为配合城址范围内的农田基本建设，湖北省文物部门又会同全国各地的多所大学及文博单位的考古工作者，对纪南城遗址展开了大规模的考古发掘和全面钻探。至此，城址的文化内涵和布局等基本廓清[160]。1980年代以来，湖北省文物考古研究所继续在城址内外开展考古工作，对该城址的认识也随之不断深入[161]。

纪南城城址平面略呈长方形，东西长约4500米，南北宽约3500米，总面积约16平方公里。除东南角外的其他三处城角均呈切角，南垣东部有一外突部分。已发现城门7座，东墙尚存1座，其他三面各有2座，其中北墙东门及南墙西门为水门。城外四面围有护城河。城内已探明4条古河道，其中3条同现今河流的位置和走向基本一致，与上述水门和护城河相通。

城内已发现东周夯土建筑基址达80余处，大多包含着战国时期的遗存，以城的中部偏东南处最为密集。在这一夯土基址密集分布区的东部和北部发现有夯土围墙遗迹，东墙残长约750米，北墙残长约690米，一般认为可能属宫城城垣。但从已发现的迹象看，这一小城面积较小，并未包容进大部分夯土建筑基址，除小城城垣附近外，在凤凰山以东的城东南角夯土基址也有密集的分布。我们注意到，在新桥河以东、龙桥河以南的整个城址的东南部（松柏区）夯土建筑基址分布均较为集中，超过60处，占总数的70%以上，是否这一以河道为界、割取全城之一部而形成的相对独立的区域均属宫殿区，是颇值得注意的。如是，纪南城的布局与前述战国时期曲阜鲁国故城的情况则较为相近。

城内东北部的纪城区也分布着若干规模较大的夯土基址，或为楚都的另一重要宫室建筑群所在。城内西南部的陈家台清理了铸炉2座及残台基1座，发现有铜、锡炼渣，陶范和鼓风管等，表明这里应是一处金属铸造作坊遗址。全城发现有水井400眼以上，而以中部的龙桥河两侧最多。此外，在龙桥河两侧还发现有不少陶窑址，这一带应为制陶作坊区。城内仅发现两处春秋墓地，都位于西北部。

纪南城周围的文化遗存也极为丰富。城东的毛家山发现有制陶作坊遗址；城南分布有若干夯土台基，可能与祭祀或都城守卫有关；城西和城北则是密集的居住遗址。在城周围三四十公里的范围内分布着十分密集的楚墓，已发现有25处墓区，探明楚墓数千座。这类墓群应是实行"族坟墓"制度的楚国的"邦墓"，即国人墓地。而在离城稍远的城西八岭山、望山，城北的纪山，城东的长湖一带，则发现了数百座有封土堆的大中型楚墓。其中的大型楚墓应是楚国国君或王室贵族的墓，这一带很可能是楚国的"公墓"所在[162]。

由对纪南城西垣北门和南垣水门的发掘，可知纪南城城垣的修筑不早于春秋晚期[163]；对纪南城南垣最新的发掘成果则表明，城垣的始筑年代不早于战国早期[164]。城周围已发掘的楚墓的时代绝大多数也为春秋晚期至战国中晚期之交。一般认为，这大体表明了该城的繁荣时间，但城垣的始建年代及作为都城的年代上限仍有待于进一步探究。同时，楚以郢为都长达400年，但郢都是否一直在纪南城，也尚存异议。

梁云通过梳理，指出在经历了春秋中晚期遗存短暂的废弃后，到了春、战之交或战国早期，郢都内又有大型夯土台基开始建造，文化遗迹也扩展到徐岗区、新桥区和纪城区。纪南城的大城垣也兴建于此时，并沿用至战国中期晚段[165]。与此同时，有学者认为无论从考古发现还是文献记载看，纪南城都不应是春秋时期的楚郢都。王光镐据纪南城遗址的分期，更推定楚城只存在于战国中期晚段至战国晚期之际[166]。尹弘兵则认为纪南城作为楚都和楚国核心区的上限，至少应比其最繁盛的战国中期晚段要早，定在战国中期早段或早中期之际为宜。纪南城应是战国中、晚期的楚郢都[167]。无论如何，带有外郭城的纪南城属于战国时期，是没有问题的。

西土模式看雍城

前面已有学者指出,东周秦国乃至秦代都邑具有较为鲜明的特色,它们"采取的不是城郭分工的宫城、郭城制,而是非宫城、郭城制布局",即"非城郭制"布局[168]。而秦都雍城则是"非城郭制"都邑的典型标本。

据《史记·秦本纪》载,秦自"德公元年(公元前677年),初居雍城大郑宫",至秦孝公十二年(公元前350年),"作为筑冀阙宫庭于咸阳,秦自雍徙都之"(《史记·商君列传》)。据此,秦以雍城为都长达327年。

春秋至战国早期的秦国都城雍城遗址,位于陕西省凤翔县城南,地处关中平原西部的渭水北岸。早在1930年代,北平研究院史学研究会考古组在徐旭生的率领下,就踏察过这一带的周秦文化遗存[169]。1959年,陕西省社会科学院考古研究所凤翔队成立,开始对雍城遗址进行勘查。1960年代的田野工作中,勘查发现了夯土城垣。1976年,陕西省雍城考古队成立,开始对雍城遗址进行大规模的调查、钻探和发掘。1988年,国务院公布其为全国重点文物保护单位。50余年来雍城遗址的田野考古工作成果,不仅使我们对这一早期秦都有了较为全面的了解,也大大推进了秦文化的研究[170]。21世纪以来又对整个雍城遗址做了全面调查,在都邑布局的认识上取得了更大的进展。

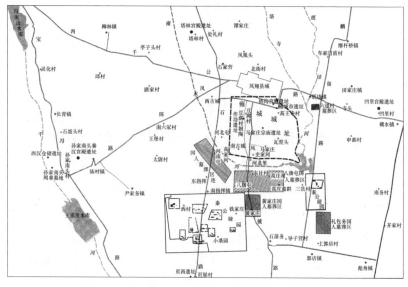

秦都雍城（《秦雍城豆腐村战国制陶作坊遗址》）

战国时期构筑的城址平面呈不规则梯形。东西约3200米，南北约3300米，总面积约11平方公里。其中东、南两面分别依纸坊河和雍水河构筑城垣，蜿蜒曲折。北垣大部为现今县城所压，仅在今凤翔县城内发现部分墙体残迹。城的东、西、南三门均发现有城门遗迹。据称，城内发现南北向和东西向大道各4条，纵横相交[171]。但不同时期道路的早晚关系有待进一步究明，新的发掘确认了东周时期雍城城址内北部东西向大道的存在。发掘者进而指出，因城市布局"顺河而建，沿河而居"的特点，道路也往往形成"顺河而设"的走向与格局，同时各功能区间还有道路相通[172]。

在瓦窑头、马家庄春秋时期宫室建筑遗址以北的铁丰、高王寺一带也发现有带夯土围墙的院落和夯土基址遗迹，出土有铜器窖藏等，主要遗存属战国中晚期。

据此，发掘者从三处宫室建筑区的早晚关系出发，推定瓦窑头一带系目前雍城营建最早的宫区，之后是位于其西北方向的马家庄宫区，最后则是位于城址北端的铁丰—高王寺宫区。总体上看，雍城的都邑规模是从东南部逐渐向北部、西北部扩大的。只是到了最后的阶段，约11平方公里的区域才被城垣圈围了起来。

雍城城址内外发现各种手工业作坊多处，如在史家河、马家庄和今凤翔县城北街一带发现了青铜作坊的线索；炼铁作坊见于史家河、东社、高庄一带；制陶作坊发现于城内豆腐村、铁丰、瓦窑头以及雍城城外的姚家小村、八旗屯等地；陶制生活用器则发现于邓家崖东岗子一带。作坊一般分布于四周城墙的内侧。

从作坊遗存的分布，可以窥见城墙修筑前后聚落布局的变化。在城墙外侧至河道的城边一带，曾发现多处平民墓地，如邓家崖、瓦窑头等处。这一带的墓葬往往打破作坊遗址，作坊存在时的河道内侧应为城内，而后世修筑城墙时则将边缘区域置于墙外，作坊随之弃用，而改作城墙外侧的墓地。与此相反，城址北区如雷家台、翟家寺等地小型秦墓的时代却早于建筑遗存，推断这里之前也为城外，墓葬区在都邑扩大、修建城墙之前业已形成。[173]

要之，雍城目前仅发现一道城垣，年代要晚至战国时期。城内的大部分区域都发现有大中型建筑基址，一般被推定为宫室建筑。而"南郊雍水河对岸即为密集的墓葬区……决定了在城外不可能有更大的城圈。宫殿区分布范围很大，几乎占据了城内的大部分

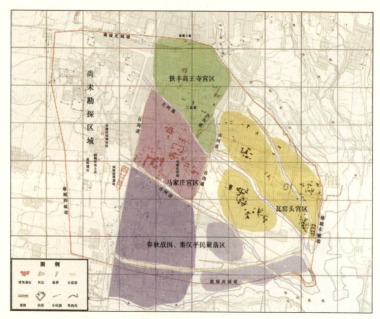

秦都雍城功能分区示意(《考古与文物》2014年第2期)

空间,决定了在城内不可能专门再修筑东方国都那种集合了诸多宫殿区的'小城'"[174]。这构成了秦国"非城郭制"都邑的主要特点。而战国时期短暂的"非城郭制"布局,似乎也开启了秦咸阳重回"大都无城"状态的先河。

四 三代大都 王国孔武

再往前追溯，我们知道春秋战国时代的城郭布局，并没有源远流长、一以贯之的传统。在整个二里头时代（夏或早商？）至西周时代，都邑布局的主流仍是"大都无城"，而这与当时迥异于东周时代的社会结构是密切相关的。这一历史现象，甚至残留到了周王朝后期的春秋时代。

春秋："大都无城"的孑遗

春秋时期的若干都邑，还保留着西周时代"大都无城"的形态，并未构筑起外郭城的城墙。

东周王城

关于郭城城垣究竟建于春秋时期还是战国时期，尚有不同的意见。发掘者关于东周王城城垣春秋始筑说的推论依据是，"夯土中包含的陶片从晚殷到春秋的都有，但没有晚于春秋的"；"直接压在城墙夯土'二层台'或打破夯土'二层台'的东周文化层或灰坑，其出土遗物有属东周中期或早期的，因此，原筑城墙的时间或可能早到春秋时代"[175]。参与发掘的徐昭峰指出，夯土内的包含物没有晚于春秋时期的，则可确定夯土的时代应不早于春秋时期。而据分析，上述打破城墙夯土的灰坑和叠压城墙夯土的文化层，都出有战国时期的遗物，应为战国时期遗存。"综合起来说，东周王城城墙的始筑年代不早于春秋时期，也不晚于战国时期"[176]。

与此同时，检核历年来东周王城遗址的考古发现，以战国时期的遗存最为丰富，包括夯土建筑基址、道路、粮仓、窑场、居住址、水井、灰坑和墓葬等。早年参与发掘工作的学者已指出该城的繁荣时期当在战国[177]。尤为重要的是，21世纪以来对东周王城东城墙的多次解剖发掘，都证明其始筑年代已入战国时期，战国中晚期又进行了增筑[178]。徐昭峰进而推论，作为完整的防御设施，其余三面城墙因与东墙一体，所以始筑年代也应相同，即东周王城的城墙始筑年代是战国时期。从春秋遗存的分布上看，平王东迁之王城也应在遗址范围内，只不过春秋时期的王城没有郭城[179]。

城内的西南部今瞿家屯一带地势较高，经钻探发现了两组面积较大的夯土建筑基址。北组建筑的四周有夯土围墙环绕，平面呈长方形，东西长约344米，南北宽约182米。其内中部偏北和西部有长方形的大型夯土建筑基址。南组建筑由夯土墙分成东、西两部分，其内未发现大面积的夯土基址，可能是北组建筑的附属建筑。在上述夯土基址的东部还探出一条南北向大道，已知长900余米，宽约20米。基址附近出土有大量东周时期的筒瓦、板瓦和瓦当，由此推断该处应为城内的重要建筑之所在。联系到《国语·周语》中"榖、洛斗，将毁王宫"的记载，邻近榖（涧水）洛（洛水）交汇处的这一区域，很可能是王城的宫殿区[180]。2005年，在瞿家屯村东南涧河入洛水的三角地带、东周王城南城墙以南，发现大量破坏春秋文化层而早于战国时期的冲积沟，应是"榖、洛斗，将毁王宫"之事在考古遗存上的反映[181]。

总体上看，春秋时期宫殿区所在区域与战国时期略同并稍大。上述南北两组建筑西侧的夯土墙，并非规则的南北走向，而是沿涧河故道的走势向南延伸。不排除这道夯土墙在南组建筑以南继续延伸的可能性。宫殿区以北，有一条连通涧河故道的东西向"河道"，不排除其属人工壕沟的可能，向东则极有可能连通战国时期仓窖区东侧的河道。仓窖区发现的大道和大量夯土遗存，应属春秋时期[182]。如是，则春秋时期夯土建筑向东的分布范围也较战国时期为大，已存在以自然河道和人工壕沟构成的防御体系。而由瞿家屯东周王城南城墙以外发现的春秋时期地层堆积和作坊遗址，知春秋时

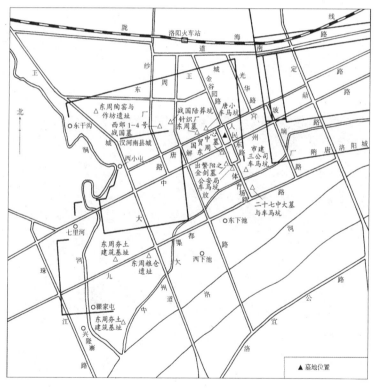

东周王城的墓葬分布（《洛阳王城广场东周墓》）

期的宫殿区向南可至洛河,也即在东周王城遗址南部,春秋时期遗存的分布也超出了战国时期城圈的范围。

前已述及,宫殿区东北一带分布着东周时期带墓道的大型墓葬和车马坑、殉葬坑,应属东周王城三个陵区中的王城陵区。春秋早期的大墓集中于东南部,春秋中晚期的大墓集中于中部。其中,春秋早期的一座"亚"字形大墓和两座"中"字形大墓及周围的车坑和马坑,位于东周王城东城墙以外。而其西200余米的东城墙以内,也发现了春秋早中期的车马坑和春秋晚期的"甲"字形大墓。显然,东周王城东城墙内外春秋时期的高等级墓葬和车马坑连为一体,这一带都应是春秋时期王陵区的组成部分[183]。值得注意的是,上述现象,暗示着战国时期筑建郭城城垣时,已无视春秋时期高等

"天子驾六"车马坑(《中原古代文明之光》)

级墓地甚至王陵区的存在，而将其拦腰截断。

此外，在东周王城区域内，还发现了春秋时期的大路、陶窑和刑徒墓等重要遗存。

春秋时期，至少在名义上延续周王朝国祚的周王城，在聚落形态上也延续了西周王朝都邑"大都无城"的布局传统，非常耐人寻味。

晋都新田

《左传·成公六年》记载，公元前585年，晋景公迁都新田，至公元前376年"魏、韩、赵共灭晋，分其地"（《史记·赵世家》）。但实际上早在公元前403年，魏、赵、韩三家即已列为诸侯，晋国公室名存实亡。学术界多以这一年作为晋都新田的终结，新田作为晋国晚期都城共182年。

新田遗址位于山西省侯马市市区附近，地处汾河与浍河交汇处的平原上。遗址发现于1952年。1955年，在山西省文物管理委员会组织的文物普查中，又发现了大面积的东周时期的文化遗存。1956年，文化部文物局会同山西省文物部门在此进行了更为详细的调查，初步认定该地是"晋国当时极重要的都市"[184]。同年，山西省文物管理委员会侯马工作站成立。1961年，国务院公布其为全国重点文物保护单位。自1950年代以来，以该遗址为中心进行的考古调查发掘和研究工作一直未曾间断，六十余年的田野考古工作取得了丰硕的成果。

1956~1965年的十年间，探明了牛村、平望、台神、马庄、北坞和呈王六座城址及部分城址内的夯土台基，并对以牛村古城为

侯马铸铜作坊发掘现场(《侯马白店铸铜遗址》)

主的部分遗存做了发掘[185]。在以往的资料中还提及白店古城。据在该遗址从事田野工作的学者称,1980年代所做复查工作中并没有发现城墙[186]。此外,还发现了若干手工业作坊遗址、祭祀遗址和墓地。在其间的1960~1963年,文化部文物局在该遗址组织了两次全国性的考古大会战,发现并发掘了著名的侯马铸铜遗址,发掘面积近4000平方米,对遗址的内涵、布局与性质有了初步的了解和认定[187]。

1965~1966年,在位于呈王古城东南的浍河北岸发现了著名的侯马盟誓遗址,发掘埋牲祭祀坑300余座,出土盟书5000余件[188]。盟书的发现引起了学术界的广泛关注,学者们一般认为这些盟书是晋国世卿赵鞅同卿大夫间举行盟誓的约信文书。盟书的发现确证了侯马即晋都新田的所在地,同时也是研究晋国历史和古文字演变的珍贵资料。

1960年代后期至1970年代，侯马遗址的考古工作以墓地为重点，对上马墓地进行了全面钻探和大规模发掘。到1987年结束，共发掘墓葬1300余座，揭露面积占墓地总面积的93%以上，由此确立了侯马晋都遗址年代学和文化属性的标尺，为探索其居民的社会结构等问题提供了全面系统的资料。1979年，在侯马市西南的新绛县西柳泉发现了一处包含若干大中型墓的墓地，并发掘了其中的数座墓葬，大致确认该墓地应为晋国晚期晋公陵墓区之所在[189]。

1980年代以来，对北坞古城和呈王古城进行了全面的钻探和重点发掘，对牛村古城的城垣进行了解剖，从而确认了其建筑和使用年代。另外，在呈王古城以东的呈王路发现并发掘了大型夯土建筑群和大量祭祀坑，这是继盟誓遗址之后有关晋国祭祀遗存的又一重大发现[190]。

六十余年的田野考古工作，使我们对侯马晋都的布局及内涵有了较为全面的认识。整个新田遗址在东西9公里、南北7公里（实际面积在40平方公里以上）的范围内分布着数座小城及宫殿基址，盟誓、祭祀遗址，铸铜、制陶、制骨、石圭等手工业作坊遗址，居住遗址和墓地等大量遗存，时代约当春秋中期至战国早期。整个都邑遗址没有外郭城，浍河和汾河在都邑以西交汇，形成天然屏障[191]。

在侯马晋都范围内，共发现7座城址，即平望、台神、牛村、马庄、呈王、北坞和北郭马古城[192]。前三者集中分布于遗址西部，面积较大，相互连接，呈"品"字形。牛村古城平面略呈梯形，南北长1070～1390米，东西宽955～1070米。南城墙有两座城门，城外有护城壕。该城的使用年代大体上相当于公元前6世纪下半叶

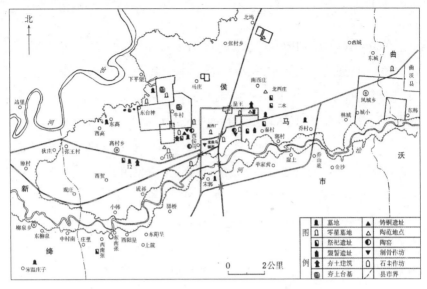

晋都新田遗址（《战国时代的东西差别》）

至公元前 5 世纪下半叶。平望和台神二城均略呈长方形，前者面积约 900 米×250 米，后者面积约 1700 米×1250 米。牛村、平望两城内及台神古城外西北都发现了大小不等的夯土建筑台基，保存较好的可看出由下到上的分级结构，都发现了建筑物的坍塌堆积和瓦的残片。关于三座城址的年代，有人认为平望古城晚于其他两座[193]，或认为在三座城址中平望古城最早，其余两座为扩建晋都时增筑的城圈[194]。现有的材料尚不足以确证三座城址的年代关系，今后应在三城相接处进行重点发掘，以最终解决这些问题。从现在所掌握的三城的平面布局上看，这三座城址的四面城垣均大体平行，台神、牛村两城的南垣，以及台神古城北垣和平望古城南垣都基本在同一直线上。因此，这三城虽建筑年代可能略有早晚，但大体上属修补、增建后同时使用的三座城址。从规模和内涵上看，应为当时晋国公室的宫城所在。

位于其东的马庄、呈王、北坞、北郭马四座城址规模都较小，均由相连或并列的两座小城组成。最小的呈王古城南城的面积仅2万多平方米，最大的北坞古城东城则为20余万平方米。这四处城址中均发现夯土建筑基址。这类小城的主人当属拥有相当权势的卿大夫一类。

在遗址东南部浍河北岸约2平方公里的范围内分布有包括盟誓遗址（盟书出土地）在内的5处祭祀遗址。其正北约1公里处的呈王路大型夯土建筑基址群，在12万平方米的范围内已探明形制规整的建筑基址70余处，最大者面积达3000平方米，此外还发现了大量祭祀坑。这一建筑基址群的使用年代约当公元前550～前480年，属新田遗址早期阶段[195]。在其余3处祭祀遗址中共发现祭祀坑400多座。此外，牛村古城南也曾发现东、北、西三面环绕以围墙的夯土建筑基址和祭祀坑。该基址处于牛村古城南城墙上两座城门的中间位置，主体建筑坐北朝南，南部空旷地带分布有数十座祭祀坑。使用年代约当公元前450～前420年，即新田遗址中晚期之交[196]。发掘者认为这两处大型建筑基址群应分别属新田晋都早期和晚期阶段的宗庙建筑遗存。

在上述城址以南的浍河岸边，发现有分布范围较广的各种手工业作坊遗址。铸铜遗址位于牛村古城南，面积在5万平方米以上，其规模之大、出土陶范数量之多、制范工艺水平之高在已发现的各地同类遗址中都是较为罕见的[197]。此外，在牛村古城以南和东南还分布着制陶（含建筑用瓦）作坊、制骨作坊和石圭作坊遗址若干处。

文化堆积在整个遗址范围内分布广泛，几无空白之处，其中应

侯马铸铜作坊出土兽头陶模
(《中国文明的形成》)

包含大量一般居住址。遗址范围内发现多处墓地。规模最大的上马墓地位于浍河南岸,西北距牛村、平望、台神三城约3公里,墓地总面积逾10万平方米。年代上起西周晚期,下至春秋战国之际。在平望、台神古城以西的下平望和东高村附近及牛村古城南还发现3处墓地,年代均为春秋晚期到战国中期。这4处墓地均距城址较近,除上马墓地的个别墓葬规格稍高外,都以小型铜器墓和陶器墓为主,4处墓地可能均具"邦墓"的性质。此外,在盟誓遗址东北的秦村村北一带发现400多座"排葬墓",可能为阵亡战士之墓或与祭祀用人有关[198]。该墓地与上述几处"邦墓"墓地的性质完全不同,未见于同时期的其他诸侯国。

另外,位于侯马市西南15公里的浍河南岸峨嵋岭北麓的新绛县柳泉大型墓地,面积约15平方公里,由数组大墓及陪葬于周围的中、小型墓组成,时代大体属春秋中期到战国中期,与侯马晋国遗址时代一致。调查发掘者推测该墓地应为晋公陵墓区。

要之，平望、台神、牛村三座城址的出现，标志着新田作为都城的开始。与三城同时兴起的还有呈王路建筑基址和石圭作坊遗址。随后，三大城以东的几座小城开始兴建。进入都邑发展的中期阶段，牛村古城南开始兴建新的祭祀中心，盟誓活动至迟在春秋晚期已开始进行；铸铜遗址也进入繁荣期。最后，铸铜遗址和呈王、北坞等东部小城的废弃，标志着晋都新田时代的结束[199]。

田建文把晋都新田的布局概括为：无郭城，"品"字形宫城是晋公直接控制区；北、西、南有汾、浍河流经，东面的小城应属晋卿所筑的"卿城"，足起郭的作用；宫城东、南是手工业作坊区；有多处祭祀场所，礼制建筑采取"左祖右社"的格局，整个都城坐北向南；宫城东南为邦墓，晋公陵园则在更远的城西南峨嵋岭下。他还指出新田宫城"品"字形的布局对后来的邯郸赵王城等影响很大，从而提出"新田模式"的概念[200]。

俞伟超在论述东周城市布局的总体特点时指出："居民区从分散的状态到集中在一个大郭城内，看来是经过了一个逐步变化的过程。"而晋都新田应是从西周的分散状态到战国时城郭并举的都邑发展的一个中间环节，"也许，商代至西周都城分散的居民点，到此时在某些都城已发展成分散的几个小土城；战国时，又集中为一个大郭城"[201]。可知晋都新田在西周时代的"大都无城"和东周时代的城郭盛行之间，具有承上启下的历史地位。

楚都纪南城

据考古材料，荆州纪南城总面积约16平方公里，城垣的始

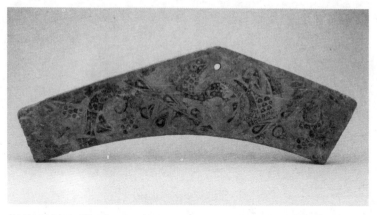

楚都纪南城出土彩绘凤纹石磬(《礼乐中国——湖北省博物馆馆藏商周青铜器》)

建年代不早于春秋晚期,城周围已发掘的楚墓的时代绝大多数也为春秋晚期至战国中晚期之交[202],这大体上表明了该城的繁荣时间。从文献及考古材料看,纪南城应即楚文王始都郢之所在,不过始都的规模当不会有现存规模这么大,现有都城范围应是逐步扩大而成的[203]。

文献记载表明春秋时期的郢都可能在一段时间内并无郭城,郭城城垣工程的完成有一个不断扩建增修的过程。关于楚国"城郢"的记载数见于《左传》,如楚大夫沈尹戌曾忆及楚国"至于武、文,土不过同,慎其四竟,犹不城郢"(昭公二十三年),似乎表明楚国迁郢之初并未筑城。楚庄王元年(公元前613年),楚公子燮与子仪在郢都作乱,"城郢"(文公十四年),但直至楚康王元年(公元前559年),"楚子囊还自伐吴,卒。将死,遗言谓子庚:'必城郢'"(襄公十四年),说明这时郢都仍无完全闭合可以御敌的城垣。至四十年后的楚平王十年(公元前519年),"楚囊瓦为令尹,城郢"(昭公二十三年）。杜预也认为早期郢都是没有城的（《左传·昭公十四年》杜预注："楚徙都郢，未有城郭。"）。可见伴随着频繁的国内政治斗争，楚国都城城垣的建筑大概也经历了较为曲折的过程；现存郢都城城垣则是随着楚国国势的日益强盛而不断扩展增筑的结果。

梁云由分期入手，对楚都纪南城做了动态解读[204]。由此可知，春秋中晚期的遗存，集中分布于新桥河以东、龙桥河以南、3号、4号古河道以西的松柏村区范围。小城（或宫城）内是早期遗址的中心区域。当时在小城外可能没有或很少有宫殿分布。手工业遗址主要分布在小城外直到龙桥河及新桥河附近。郢都在春秋时期并无大城。而楚都纪南城现存的城垣与遗存布局，反映的是战国时期楚都的情况。

秦都雍城

现知整个雍城遗址由城址、秦公陵区、平民墓地和郊外建筑基址等遗存组成，分布范围约51平方公里[205]。最新的考古发现表明，秦国在以雍城为都近200年之后的战国时期才开始构筑城墙。初期雍城外围分别以四周的雍水河、纸坊河、塔寺河以及凤凰泉河为界，自然河流成为主要城防设施。这种情形与甘肃礼县大堡子山、圆顶子山早期秦国邑聚的防御体系相似，应是文献所载"城堑河濒"（《史记·六国年表·秦表》），即以水围城，并将临水的河谷挖深，使河堤陡直、河岸增高以加强城防安全[206]。

雍城遗址发现多处大型建筑基址，时代上有早晚之别。位于后来城内中部的马家庄大型建筑遗址，是以围墙环绕的全封闭式建筑群，时代约当春秋中晚期。南北复原长84米，东西宽90米，面积7500多平方米。建筑群坐北朝南,由门塾、围墙、中庭和三组呈"品"字形排列的主体建筑组成,布局规整,左右对称。三组建筑各自绕以回廊。在中庭等处,发现各类祭祀坑181座,多数坑内有牛、羊或人骨,另有车坑2座。这些祭祀坑或在踩踏面以下,或打破建筑基址及室内外地面,相互存在打破关系,说明时间上有早晚之别,应分属建筑落成、使用时及废弃后的祭祀遗存,而其中多数应是建筑使用时的遗迹[207]。一般认为,这是目前经考古发掘确认的、保存完好且与先秦文献记载相吻合的礼制建筑[208]。另外,在马家庄宗庙遗址以东、以西都钻探出面积较大的夯土建筑基址、墙基等遗迹。位于其西的姚家岗一带,先后发现3批64件铜质建筑构件,清理发掘了大型宫室建筑基址1处和可藏冰190多立方米的"凌阴"(冰窖)遗址1处[209]。

近年来,在城址区的东南瓦窑头村一带,又发现了一处多进院落结构的大型宫室建筑,该建筑残长186米,与马家庄大型建筑外形相似,但结构更复杂。从地层关系和出土遗物看,该组建筑应早于马家庄建筑群,属雍城早期的宫室建筑。

在城址区范围内,各聚落之间形成广阔的空隙,其间除道路遗迹外,没有发现雍城为都邑时期的居址、作坊或其他活动遗迹,发掘者推断当为农田区域。这表明都邑的布局是偏于松散的。

在雍城南郊的雍水南岸一带,数十平方公里的范围内发现有大批春秋战国时期的小型秦墓,应是主要的国人墓地。而城址周边的其他区域也发现了小规模的平民墓地。城址西南10公里的三畤塬,是秦公陵园区所在。陵区范围东西长约7公里,南北宽近3公里,总面积达21平方公里[210]。其北、西和南面有长达7000余米的围沟,

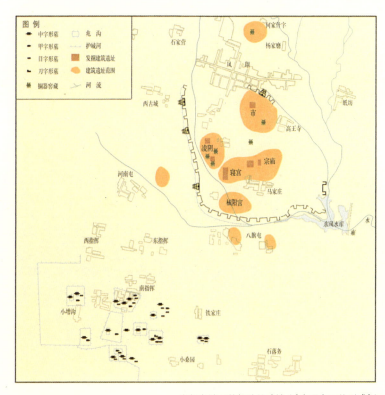

秦都雍城及其郊外的陵域（《中国文明的形成》）

即"兆沟"或"隍壕"。已探明的14座分陵园占地面积200万平方米，发现大墓及车马坑、祭祀坑等50余座，其中带有两条墓道的"中"字形大墓21座。分陵园也往往发现围沟。已发掘的秦公1号大墓全长300米，总面积达5300余平方米，是已发掘的先秦墓葬中最大的一座，初步确认大墓的墓主人应为春秋晚期的秦景公[211]。

由上述分析可知，国势相对强盛的二里头时代至西周时代"大都无城"的状态,并未随着战乱频仍的春秋时代的到来戛然而止,而因其历史惯性有所残留,这显然是我们深入认识春秋时代社会的又一个重要线索。如前所述,到了兼并战争更为惨烈的战国时代,"大都无城"的现象才基本退出了历史舞台。中国历史进入了一个"无邑不城"的新的发展阶段,与春秋时代又不可同日而语。

西周:"守在四夷"的自信

终西周之世,在西周王朝的三大都邑周原、丰镐和洛邑,都未发现外郭城城垣遗迹。当时的大国鲁国和齐国的都邑,大城城垣也基本无踪迹可寻。

周 原

周原位于陕西关中西部,有广义和狭义之别。广义的周原指关中平原西部,岐山之南、渭河以北的狭长区域,包括今凤翔、岐山、扶风、武功四县之大部和宝鸡、眉县、乾县的一小部分,东西绵延70余公里,南北宽20余公里[212]。岐山、扶风两县的北部是中心地区,也就是狭义的周原,东西长约6公里,南北宽约5公里,总面积30余平方公里。

这里古称岐邑,系周人早期活动的根据地。据《诗经》《史记·周本纪》等文献记载,周人于古公亶父时(约公元前12世纪末或前11世纪初)迁至此地,开始营建宫室,作为都邑。公元前

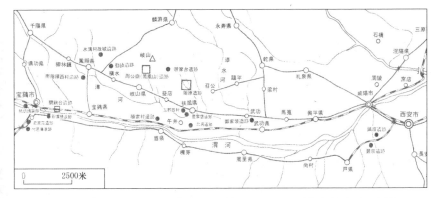

大周原的位置与遗迹分布(《中国渭河流域における西周時代遺跡の調査研究》)

11世纪后半叶周文王迁都于丰京后，这里仍是周人的重要政治中心，西周初年曾为周公和召公的采邑。终西周王朝，这里一直是周人祖庙之所在，也是王朝诸多贵族的重要聚居地[213]。至西周末年，由于戎人的入侵而废弃。关于其性质，则有周城、非姬姓贵族聚居地和都城（也即金文中的"周"）等不同的看法[214]。

1942年，中央研究院历史语言研究所石璋如在周原进行过踏查[215]。1960～1970年代，曾多次进行调查和小规模发掘，发现若干墓葬和铜器窖藏等。1976～1978年，陕西省文物管理部门与北京大学、西北大学合组陕西周原考古队，对周原遗址进行了大规模的发掘，成果丰硕。其中包括岐山凤雏村西周甲组建筑基址、扶风召陈村西周建筑群、扶风云塘村西周制骨作坊和墓葬、扶风庄白村西周铜器窖藏、岐山贺家村西周墓葬的发掘等。1982年，国务院公布其为全国重点文物保护单位。1986～1990年，陕西省考古研究所等单位又利用遥感、物探技术，对周原遗址进行了大范围的地下埋藏情况调查[216]。

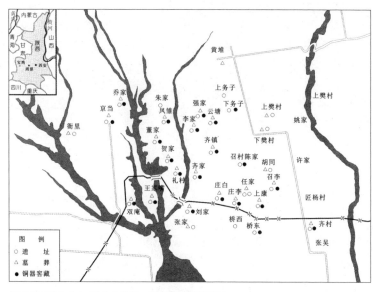

周原重要遗存分布（《大宗维翰：周原青铜器特展》）

1999年始，北京大学、陕西省考古研究所、中国社会科学院考古研究所合组周原考古队，再次对周原遗址进行大规模的考古工作。发掘主要集中在扶风齐家、云塘和岐山县的王家咀、贺家等地点，在解决考古学年代、分期，了解遗址文化内涵的基础上，对云塘、齐镇一带西周大型建筑群的揭露和道路的发现，为深入探索周原遗址的布局和聚落结构提供了重要线索。此外对若干铸铜和玉石器作坊遗址也进行了发掘，并对若干小流域做了区域系统调查[217]。2013～2014年，陕西省考古研究院又与北京大学等单位合作，采取踏查、勘探、航拍和寻访等方式，对周原遗址进行了迄今为止最为全面系统的一次调查，获得了丰富的商周时期聚落布局资料[218]。

在最新的调查中，确认周原遗址存在西周时期墓地56处，在

周原西周晚期聚落功能区分布态势(《大宗维翰:周原青铜器特展》)

7处墓地中发现了9座带墓道的大墓。发现并记录手工业作坊50多处,包括制作铜器、骨角器、玉石器、蚌器、漆木器和陶器的作坊。其中齐家沟东岸分布着上述6类的6个作坊,形成一个面积约1.1平方公里的手工业区,年代从西周早期一直延续到西周晚期。

在以往发现数十处大型夯土建筑遗存的基础上,确认130多处单体夯土建筑,分布于43个功能区之中。其中集中分布的有3处:一是召陈至云塘一带,面积近80万平方米;二是云塘、齐镇一带,面积近30万平方米,区内发现有南北贯穿的石铺道路;三是凤雏建筑基址区。确认出土青铜器等遗物的窖藏32座,基本上都位于大型夯土建筑区内或单体建筑旁。通过航拍资料分析与勘查判断,在凤雏建筑基址区一带发现一座西周晚期城址,东西长约

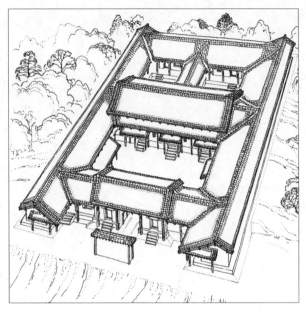

凤雏甲组基址复原（《中国科学技术史·建筑卷》）

1510 米，南北宽约 640 米，面积近 90 万平方米。城内已发现 10 处大型夯土建筑院落。早年发掘的岐山凤雏的甲组建筑基址正位于该城的中心。

凤雏甲组基址坐落在南北长 45.2 米、东西宽 32.5 米的夯土台基上，总面积 1400 多平方米。以门道、前堂和过廊为中轴，东西配置厢房各 8 间，并有回廊相连接，形成一前后两进、东西对称的封闭性院落。在该基址西厢房的一个窖穴中出土了 17000 多片西周早期甲骨，绝大多数为卜甲，200 多片卜甲上有刻辞。从出土陶瓷器、建筑用瓦的形制风格上看，该基址最终废毁于西周晚期，始建年代尚不清楚。周围还有若干建筑基址，形成较大的建筑群[219]。

北距凤雏甲组基址约40米的凤雏三号基址，主体形状呈"回"字形，建筑由北面的主体台基、东西两侧台基、南面门塾台基组成，中间为长方形的庭院，南北残长46~48米，东西宽56~58.5米，总面积2810平方米。这是迄今所知西周时期规模最大的单体建筑。该基址的建造时间在西周早期，废弃于西周晚期。最令人瞩目的是庭院中有立石和铺石的遗迹，立石通高1.89米，地面以上现存的部分高0.41米，原本应更高。发掘者推测，立石和铺石遗迹应分别为文献记载中的社主和社坛，而凤雏三号基址应属社宫，是目前所见商周时期国家形态社祀最明确的实物证据[220]。

最新的调查还发现了若干池渠壕沟，其中大面积水池4处，沟渠遗存40余条，多为引水渠，干渠与水池相连，由此构成了以水池为中心的四大水系，形成聚落的给排水系统。有些沟渠则可能是聚落或居址区的环壕。此外，新发现13条道路[221]。

据分析，周原遗址群中的黄堆、贺家墓地规格较高，应为周人墓地；而云塘、齐家、庄白、刘家、李家等墓地，特征多类于晚商时期的商人墓，其主人应是广义的殷遗民[222]。墓葬与居址往往混杂一处，尤其是工匠或参与手工业生产人员这一特定的人群，其聚族生活之地与聚族埋葬之地应皆处在一个相对狭小的区域内[223]。

在扶风召陈建筑基址群内现已发掘了15处夯土基址，其中3座基址规模较大，保存较好。最大的3号夯土台基长24米，宽15米，其上有成排成行的柱础及两道隔墙，将台基分隔为三部分。与凤雏建筑基址相比,该建筑群的建筑布局不按中轴对称,也没有自成院落,因此各个建筑基址之间的关系难以确定。但其总体规模和建筑技术之复杂程度都超过了凤雏建筑基址。从地层关系和出土陶器判断,该建筑基址群的大部分建筑兴建于西周中期,废弃于西周晚期。

在凤雏和召陈之间的云塘和齐镇一带,也发现了两组平面呈"品"字形、东西并列的大型建筑,二者相距约50米,已发掘9座。其中云塘基址群F1平面整体呈"凹"字形,属台式建筑,台基东西总长23米余。建筑的柱网结构、台阶、散水和石子路等遗迹都保存较好。建筑的使用年代相当于西周晚期。其"品"字形对称结构、围墙、U字形石子路等布局结构特征不同于凤雏和召陈大型建筑,为西周时期的建筑样式增添了新的材料。

关于这些大型建筑基址的性质,目前尚存在不同的认识。有学者认为岐山凤雏甲组建筑基址应为宗庙,或属大型王宫遗址,也有人认为属贵族宅院或生活居住之所。至于云塘、齐镇的大型建筑,发掘者认为应属宫庙遗存,也有学者认为证据不足,以存疑为妥[224]。

周原遗址在数十年的考古工作中也一直没有发现外郭城城垣的迹象。从文献上看,《诗经·大雅》只说古公亶父率周人在周原建筑"室家",建筑宗庙与宫门宫墙,并未言及建筑城郭,可能是一旁证。有学者认为这是不同于夯土围城的另一种城的类型,即"因自然山水地形地貌加以堑修(挖掘)而成的河沟台地堑城"。它的北边是岐山山麓,东边是贺家沟、齐家沟,西边是祁家沟,南边是三沟汇聚的三岔河。一面背水三面环水,这正是"作堑"的绝佳地形。而长安丰镐和洛阳洛邑遗址,也应类同[225]。

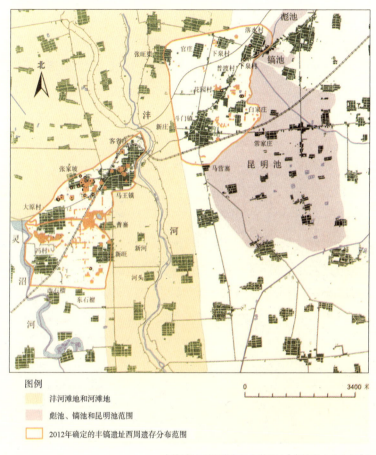

丰镐遗址西周遗存分布范围（《丰镐考古八十年》）

丰　镐

西周王朝的都城丰京和镐京遗址，地处西安市西南沣河两岸。据《诗·大雅·文王有声》的记载，周文王"作邑于丰"，又命其子发——武王营建镐京。丰京在沣河以西，镐京则在沣河以东，两

四　三代大都　王国孔武　147

者隔河相望。文献和考古材料表明，武王继位后虽迁都于镐京，但丰京并未放弃，整个西周时期，丰京和镐京同为周王朝的政治、经济和文化中心，实际上是一座都城的两个区域。至西周末年，由于戎人入侵，周平王被迫东迁洛邑，丰镐二京遂被废弃。

1933年，北平研究院史学研究会徐旭生等在沣河沿岸进行周秦遗址的调查，在调查报告中提及对丰镐位置的看法。1943年，中央研究院历史语言研究所石璋如为寻找文献记载的周代都城，又对丰镐遗址进行了第二次调查[226]。

1951年和1953年，中国科学院考古研究所两度派员，在长安丰镐一带进行考古调查。此后，经多次实地调查，根据西周以来文化遗存的分布状况及文献记载与河道变迁情况，丰镐二京的位置得以大体确定；通过在丰镐地区展开的多地点、大规模发掘，初步建立起了西周考古的断代标尺。1950年代以后，在周都丰镐二京分别发现并发掘了若干贵族墓葬、车马坑和大型夯土基址等重要遗存[227]。近年来开展的丰镐遗址范围确认及地下遗存分布状况考古调查勘探项目，确定了遗址的范围和四至，同时全面收集梳理了丰镐遗址历年的考古成果，初步建立了考古地理信息系统框架。这些都为重新认识和研究丰京遗址聚落布局演变过程提供了重要线索[228]。

据最新的勘查结果，丰京遗址范围东至沣河西滩地，西至古灵沼河，北至郿坞岭北缘，南至冯村南到新旺村南一线，总面积约8.6平方公里。丰京遗址中部紧邻沣河西岸，新发现一处面积逾3万平方米的水域，即曹寨水面。通过发掘发现曹寨水面有专门从沣河引水的水道，因而推断其应系人工水域。新近又发现了横贯遗址中部的曹寨—大原村河道，可能为人工挖建。据最新的调查，镐京遗址面积近11平方公里，其西界为斗门镇西新庄村至张旺渠村一线；北界大致在张旺渠村以东至丰镐村一线。与此同时，在马营寨东、白家庄东、普渡村东一线，还发现了一条大体呈西南—东北向的壕沟，已知长度达4200米。壕沟西侧，包括墓葬、车马坑在内的西周时期遗存分布较为密集，以东则不见同时期遗存，推测这条大型壕沟应是镐京遗址的东界和南界[229]。

在丰京遗址北部的马王村和客省庄一带曾发现西周时期的夯土基址建筑群，夯土基址成组分布，已发掘和探明了14座。其中最大的4号基址平面呈T字形，面积达1800多平方米。在附近还发现了用陶质水管铺设的排水设施和残瓦。此外，在夯土基址群所在区域内还钻探出一条宽10余米的大路，已探明的长度约200多米[230]。镐京遗址的宫室建筑及贵族居所，沿鄗坞岭走向分布在滈河（故道）南岸高地上。如斗门镇官庄村、花园村一带，也曾发现大面积的夯土建筑基址群，在东西长3公里、南北宽2公里的范围内，已发现西周时期的夯土建筑基址11座。最大的5号宫殿基址坐落在面积为3300多平方米的夯土台基上，从墙基和柱穴的分布情况看，宫室面向东南，平面呈"工"字形，主体建筑居中，两端为左右两翼对称的附属建筑，建筑总面积为2800余平方米[231]。上述大型夯土建筑基址群的发现，分别为探索丰京和镐京的中心区域提供了线索。

此外，在丰京区域的张家坡、马王村、新旺村等地发现多处铜器窖藏。在张家坡、客省庄和普渡村等地则发现了分布较为集中的西周墓葬及附葬的车马坑、马坑和牛坑等。位于丰京西北部的张家坡高岗地带是一处大规模的西周墓地，在20多万平方米的范围内已探明西周各个时期的大、中、小型墓葬3000多座。这处墓地由许多面积不等的小墓区组成，每区又以若干座大、中型墓为中心，附近排列着成群的小墓。在一些较大的墓葬附近多陪葬有马坑或车马坑[232]。镐京贵族和平民墓葬区，主要分布在斗门镇东、花园村西南、普渡村东南等地。

整个丰镐遗址范围内散布着众多的一般居住址和中小型墓葬，居址附近常有窖穴和水井发现。洛水村、张家坡、新旺村、普渡村、冯村等处则发现有制陶和制骨作坊遗址，一些遗址还出有铸造铜器的外范和内模。

在丰镐遗址范围内，也未发现夯土城垣或围壕等防御设施。在丰京遗址，河流以及新发现的面积广大的自然水面或沼泽地构成了天然的屏障，已如前述。至于镐京外围，"南有洨水，东界潏水，西至丰水，丰水在马王村出折向东流，构成镐京的北界。三水……形成了护卫镐京外围的天然界河和堑沟"[233]。

洛　邑

西周初年，周王朝就着手在洛阳营建东都洛邑，以此作为经营东方、巩固政权的重要基地。西周时期的洛邑究竟是一城，还是分为王城和成周两个城邑，其具体位置何在，长期以来莫衷一是。越来越多的学者倾向于认为成周即洛邑，而西周时期并无"王城"[234]。

据《尚书·洛诰》记载，周公营建洛邑前召公曾来洛相宅，"我乃卜涧水东、瀍水西，惟洛食；我又卜瀍水东，亦惟洛食"。即所卜地望在涧水以东至瀍水之东、西两岸而近于洛水者皆吉。鉴于此，洛邑应建于瀍、涧二水之间至瀍水两岸一带。

如前所述，1950年代初，郭宝钧等依据文献提供的线索，在涧河东岸的涧、洛二水交汇处的三角地带发现了东周王城遗址和汉河南县城遗址。但长期以来的田野考古工作中，却未能在这一带找到西周的城址，同期的其他遗存也较为少见。而在其东的瀍河两岸一带，60多年来却不断有西周时期的遗存被发现[235]。

从考古发现上看，西周文化遗存集中分布在今瀍河两岸一带，这一区域东起瀍河以东1公里的焦枝铁路一带，西至瀍、涧二水之间的史家沟，北到陇海线以北的北窑村，南达洛水北岸的洛阳老城南关一带。东西长约3公里，南北宽约2公里，总面积达6平方公里左右。贵族墓地、车马坑、祭祀坑、大型铸铜作坊遗址、一般居

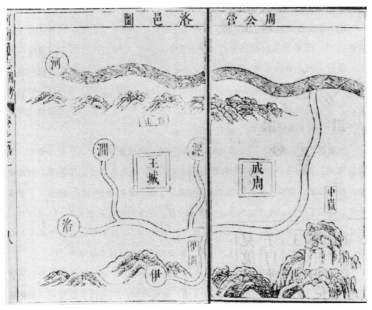

《河南通志图考》中的成周与王城

住址、平民墓地、窑址、大型道路等充斥其间，瀍河以东的塔湾村一带则分布有殷人墓区[236]。鉴于上述情况，学者提出了西周洛邑一城说的观点，认为据文献记载和考古发现，自西周以来瀍水并无改道的历史，因而，瀍河两岸这一西周遗存的集中分布区与《尚书》等文献所载洛邑的位置是相吻合的[237]。总体上看，上述文化遗存兴盛于西周早、中期，到西周晚期已衰落，这里应即金文和传世文献中的成周（洛邑）[238]。

但在瀍河两岸一带迄今并未发现夯土城垣。所以有学者认为《逸周书·作雒》中所谓"郛方七十里，南系于洛水，北因于郏山"的"郛"应并非指城郭，而是周围的自然山川[239]。

与瀍河两岸的衰落形成对比，其西的涧河两岸的遗存，从西周晚期才开始丰富起来。其东汉魏洛阳城下发现的西周时期的韩旗城址，面积逾4平方公里，略呈横长方形。发掘者推断其具体年代"不晚于西周中晚期"，不排除系西周初年周公所筑成周城[240]。上述推断的依据是，东垣解剖探沟中最早的夯土（夯1）及其下的灰坑H1中都出土有西周中、晚期的遗物。但诚如有学者指出的那样，"既然H1出土有西周中、晚期的器物，依考古学的基本理论，则H1与夯1的时代当不早于西周中、晚期，而非发掘者所言不晚于西周中、晚期"[241]。另有学者对报告公布的H1出土器物进行了对比研究，认为H1的包含物均属西周晚期[242]，则H1与夯1的时代当不早于西周晚期。因此多位学者认为其时代属西周晚期，因而不可能是周初兴建的成周[243]。

至于西周晚期在成周旧地以东地势更为宽阔的汉魏洛阳城一带筑城，或认为应是出于"淮夷入寇"形势下的军事原因，因

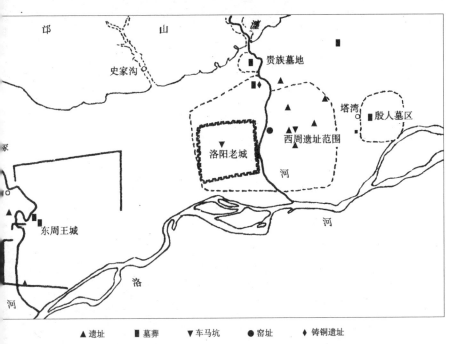

洛阳附近西周遗存分布与洛邑遗址的推定（据《华夏考古》1991年第2期叶万松等文、《考古学研究（五）》饭岛武次文改绘）

而瀍河两岸的西周成周，与汉魏洛阳城内的西周城应具有承继关系[244]。更有学者认为汉魏洛阳城下夯土城垣建造的上限应在两周之际或春秋早期，其始建年代与涧滨的东周王城同时，或与平王东迁有关[245]。

曲阜与临淄

一般认为，曲阜鲁国故城作为周代主要诸侯国都城，其基本格局同已知的其他先秦都城有着显著的不同：平面上呈回字形方正规整的布局，宫城居中，最早采用中轴线规划，而这种格局基本上同《周礼·考工记·匠人》所载"左祖右社,面朝后世"的营国制度相吻合。由于发掘者断定其建城时间在西周初年,因而学界普遍认可曲阜鲁城在中国都城发展史上开风气之先的地位,很可能是《周礼·考工记·匠人》所载营国制度之蓝本;其城郭布局也由西周时期基本未变地保留至东周时期,成为彼时城郭布局中的一大类型[246]。

仔细梳理考古材料,可知鲁城中缺乏殷末周初的遗迹,最早的遗存约当西周中期前半,与"炀公徙鲁"(《史记·鲁周公世家》集解引《世本》言)的记载在年代上大致相合,西周初年分封伊始的鲁国都城似不在曲阜。同时,根据现有资料可确认的鲁城最早的城垣大致属两周之交或稍晚,表明鲁国在定都曲阜后至两周之交的较长一段时间内并未筑建城垣[247]。

临淄齐故城一带西周时期遗存相对较集中,分布范围不大。总体上看,西周时期遗存仅限于大城东北部的阚家寨、河崖头一带,文化堆积较丰厚,时代可早到西周早期,河崖头一带还发现有西周中期的铜器墓。大城北墙东段探沟中,发现了不晚于西周中期的夯土城垣,在西周晚期又加以增筑,但揭露面积较小,破坏较甚,且仅为孤例,城垣的性质尚难以遽断。发掘者推测西周时期临淄城的基本范围是,北以大城北墙为界,东以大城东墙北段为界,东西约2100米,南约2640米,总面积约554万平方米[248]。但在西周遗存的东、南、西部边缘外尚未发现确切的同时期的城垣。因此,这一范围,还仅能看作把握西周时期遗存分布区域的一个参考。据《史记·齐太公世家》等文献记载,齐国始都临淄的时间在齐献公元年(公元前859年),临淄齐国故城范围内西周晚期遗存的发现与此大致吻合。更早的遗存是否属齐都营丘，尚待探索。

由是可知，如曲阜鲁都、临淄齐都这样的西周时代的"大都"，其都邑布局与周原、丰镐和洛邑的王朝都城保持着某种程度上的一致性。"大都无城"应是其最显著的特征。

殷墟：重启数百年"无城"时代

再往前上溯，就是著名的殷墟时代，一般认为相当于商王朝的晚期阶段。与商代都邑相关的遗址，目前已知有4处，即郑（州）洛（阳）地区的郑州城、偃师城、小双桥遗址和安阳地区的殷墟遗址群，后者包括洹北城与洹南殷墟。作为都邑的殷墟遗址群始于以洹北城为重心的时期，由洹北向洹南的转移是都邑内活动重心的变化而非正式的迁都行为。无论从遗物演变还是聚落分布上看，洹北城时期都应属于殷墟文化的初期阶段。以郑洛到安阳这一大的都邑迁徙活动为契机，有商一代的总体文化态势发生了重大变化[249]。我们先看看豫北安阳地区殷墟时代的都邑状况。

1928～1937年，中央研究院历史语言研究所考古组在安阳殷墟遗址持续发掘，总计15次，发掘面积达46000平方米。主要工作集中在小屯北地、侯家庄西北冈和后冈三地。在小屯村东北发掘了3组53座夯土基址；在西北冈王陵区发掘了11座大墓及1200余座小墓和祭祀坑。历次发掘出土了大量晚商时期遗物，包

1937年殷墟第十五次发掘现场（《殷墟发掘照片选辑（1928～1937）》）

括24000余片甲骨以及数以万计的青铜器、玉器、陶器、石器、骨器及角牙蚌器等[250]。发掘工作因抗日战争爆发而中断。

1950年，中国科学院考古研究所成立，恢复了殷墟遗址群的发掘工作。当年春，发掘了洹北王陵区东区的一座大墓、20余座祭祀坑以及洹南的若干地点。此后发掘工作断续进行。1958年，考古所成立安阳工作队，开始对殷墟进行长期全面的发掘和研究工作。同时，安阳市文物部门在殷墟外围也做了一些发掘工作。

1961年，殷墟被列为第一批全国重点文物保护单位，划定了重点保护区和一般保护区范围，面积约24平方公里。此时的发掘地点除小屯、侯家庄、后冈等地之外，扩大到洹河两岸近20个自然村。在小屯宫殿宗庙区一带发现作为防御设施的大灰沟。除清理各类房址、窖穴、灰坑外，还发掘了一批手工业作坊遗址，包括铸铜作坊、制骨作坊、制玉石场所和陶窑等。先后于小屯西地、南地和花园庄东地发现殷代甲骨埋藏坑，出土刻辞甲骨6500多片。清理晚商墓葬7000座以上，其中数十座为带墓道的大型墓；清理车马坑30余座、祭祀坑200余座。20世纪80年代到90年代中期，确认殷墟遗址群的面积达30平方公里，对遗址群的布局也有了总体的了解[251]。

20世纪60年代到80年代，洹河北岸王陵区东北的三家庄及邻近区域即发现商代墓葬和其他遗迹，并先后出土过略早于已知的殷墟期遗存的铜器。1980年代后期，发掘者将小屯与三家庄发现的年代稍早的墓葬定为殷墟文化第一期的偏早阶段，在论及殷墟遗址群的范围时已囊括三家庄一带，指出"该遗址的发现为了解殷墟早期的范围提供了新线索"[252]。

1996年，为配合"夏商周断代工程"的研究，考古所安阳工作队开始在发现过"殷墟一期偏早阶段"遗存的三家庄至花园庄一带进行钻探；1997~1999年，在花园庄村西、村东做了重点发掘，获取了殷墟初期阶段的重要遗存材料。1998年开始在上述地区进行较大范围的钻探，发现了夯土建筑基址。1999年底，发现了大型城址，定名为洹北商城。随后开始在城内进行系统钻探，于中南部发现了大型夯土建筑基址群，已确认夯土基址30余处，并在其

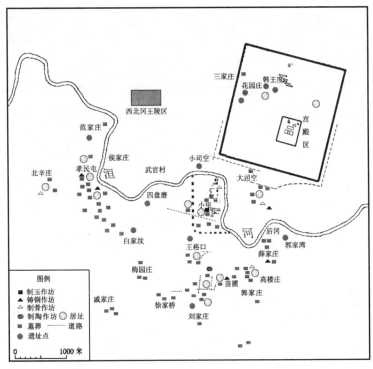

殷墟遗址群（葛韵制图）

外围发现了宫城[253]。至此，对殷墟这处晚商都城初始阶段的遗存状况有了系统的了解。

随着以郑州城及其郊外的重要遗存小双桥遗址为典型代表的二里岗文化的衰落，以洹北城为中心的洹河两岸一带作为商王朝的都邑崛起于豫北。这表明商王朝的政治中心由郑洛地区北移至豫北地区；在考古学文化上，二里岗文化演变为殷墟文化。殷墟遗址群开始走向繁荣，殷墟文化也自此发端，成为商代后期文化的典型代表[254]。

1960年代，考古所安阳工作队和邹衡分别提出了系统的殷墟文化分期方案[255]。其中，后者所分的第一期在前者的分期中是没有的。80年代，安阳工作队的发掘者将三家庄和小屯墓葬等早于原定第一期的遗存定为殷墟文化第一期的偏早阶段[256]。至此，二者除在第一、二期对应王世的认识上小有差异外，基本相同。其共同之处是均将洹北花园庄期（后来发现的洹北城阶段）纳入殷墟文化的范畴。后来邹衡又将其原定的殷墟文化一期归入早商文化晚期[257]。这里根据殷墟遗址群中洹北城等新的考古发现，大致采纳夏商周断代工程的分期方案，以下述分期框架阐述殷墟遗址群的演化过程。

洹北花园庄期：至少其晚期约当盘庚、小辛、小乙时期（？）。
殷墟文化第一期：约当武丁早期。
殷墟文化第二期：约当武丁晚期至祖庚、祖甲时期。
殷墟文化第三期：约当廪辛、康丁、武乙、文丁时期。
殷墟文化第四期：约当帝乙、帝辛时期，该期晚段或可进入西周初年。

《夏商周断代工程1996～2000阶段成果报告（简本）》中推定盘庚至帝辛的年代为公元前1300～前1046年，殷墟文化的年代与此大致吻合[258]。由于发掘资料较少，对于洹北花园庄早期遗存的性质，尚无法做出确切的判断。

洹北城（方壕）

就殷墟遗址群的总体分布看，殷墟从建都伊始就是跨洹河两岸的，其内部格局在殷墟文化的不同阶段有所变化。建都初期，其城市重心在洹北。以洹北城为中心，开始营建以大规模的夯土建筑基址群为主体的宫殿区和面积约41万平方米的宫城，在宫城内已发掘了1号、2号两座大型建筑基址。大片宫殿建筑在兴建不久即被火焚毁，在聚落周围挖建了圈围面积达4.7平方公里的方形环壕[259]，是为洹北城（发掘者称方壕"基槽的夯筑时间晚于宫殿区内大部分基址的年代"[260]）。方壕内北部则分布有密集的居民点，附近常发现墓葬。

位于洹河南岸的小屯一带属于此期都邑的西南郊。这一带分布着相当于这一时期的较丰富的遗存，包括具有相当规模的夯土建筑基址群（规模最大的甲十一基址甚至安置有罕见的铜础）、出有甲骨卜辞的灰坑（窖穴）、随葬成组青铜礼器的墓葬（出土青铜器规格之高，在目前洹北城内外所出同期同类遗存中令人瞩目），甚至还有铸铜作坊。鉴于此，有研究者认为，"小屯宫殿宗庙区的所谓宫殿建筑遗存有一部分很可能是洹北商城的外围居民点"[261]。实际上，上述遗存远非都城外围的普通居民点所能拥有，它们应是洹北花园庄期殷墟都邑的重要组成部分。

有学者指出，"由于殷墟的甲组基址是殷墟最早期的遗迹，理应称为'殷墟早期'的遗迹。因此与其同时期的'洹北商城'当然也是'殷墟早期'遗迹"[262]。说到1930年代发掘的甲组基址，它与原殷墟期的其他夯土基址相互独立，并未发现被原殷墟期的遗存叠压或破坏的现象[263]。因此，即便其始建于洹北花园庄时期，它也极可能延续使用至以洹南为中心的殷墟文化期；而以往认为其与乙组、丙组基址属大体同时而功能不同的宫室建筑的观点也就不能被轻易否定。这种延续性，恰恰昭示了殷墟文化不同发展阶段遗存间密切的承继关系。

此外，位于洹北城方壕以西的西北冈王陵区也发现了可能属于此期的高等级墓葬（对于王陵区中哪些墓葬的年代早于原殷墟期，研究者中尚存不同意见[264]），果如是，则西北冈王陵区的使用上限可早至洹北花园庄期。

至本期晚段，出于我们还不知道的原因，刚刚挖就的方壕随即被草草回填，南壕甚至未加夯填，都城的重心即移到了洹南。

为什么说洹北城的"城墙"是方壕而不是城墙呢？这里有必要稍作梳理分析。

关于洹北城的"城墙"，早有学者提出疑问。殷墟考古队老队长、妇好墓的发掘者郑振香指出："在此遗址的东、西、北三面都发现明显的沟槽，槽宽约7米，但就所发掘的剖面观察，尚不能确定为城址基槽，还存在某些疑点。"[265]嗣后，参与或亲历发掘的安阳考古队成员披露了他们的意见："我们推测，在早期时洹北商城的四面城基槽实际上就是濠沟，呈环濠状，根本就没有城墙"，"洹北商城目前所见的四面城基槽之外没有见到同时期的护城濠沟，因此，我们推测洹北商城建造初期，四面仅有方形环濠状护城河，挖濠沟的土可能都被运至城中用于夯土建筑，而没有夯筑城墙，目前所见的四面城濠中的内、外槽是在某种特殊情况下仓促填垫或夯筑'至当时地面，不过，均未见夯起的墙体'

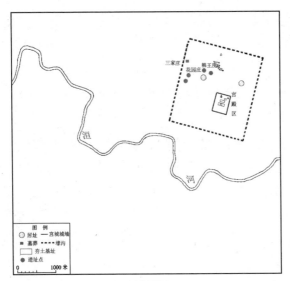

洹北早期

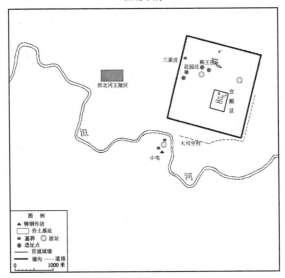

洹北晚期

殷墟都邑布局的演变过程（一）（葛韵制图）

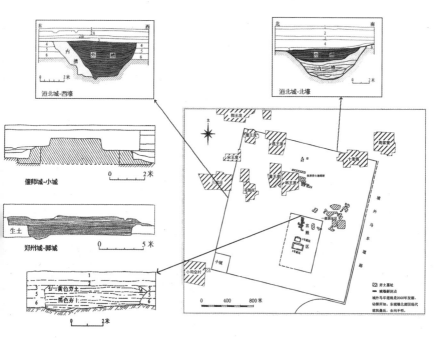

洹北方壕与其他城垣剖面比较

（2003年《简报》语——引者注）"。作者还披露了2003年《简报》中只字未提的"南城墙"探沟的情况："南面城基槽共进行了三次解剖，填垫方式与其他三面完全不同，不但没有内、外槽之分，而且槽内填土……土质松软，未见夯筑迹象，甚至在某些局部仍呈濠沟状，沟内均为淤土层。这一发现有力地支持了我们上述濠沟说。"[266]

的确，在洹北城的考古简报中，发掘者认为已发现的"夯土遗迹实为封闭的方形夯土城墙的基槽"，但"城墙基槽的外围未见护城河（沟）遗迹"[267]。这与此前的郑州城、偃师城等夯土城址城、壕并存的情况完全不类,当然也不符合就近取土筑城、扩大高差以增强防御性能的工程学常识。

发掘者认为属城墙基槽的一个重要理由是基槽已被"夯筑填实"。"东、北、西城墙基槽上的4条解剖沟的剖面均观察到'内、外双槽相叠'的现象,即城墙基槽分两次垫起:先垫内侧(即城内一侧),垫土未经夯打"。既然"未经夯打",土质疏松,则起不到基础的作用。至于夯土夯层倾斜下凹,"有的夯打略松",下部的几层居然"未经夯打,含较多水分",显然系填壕行为。众所周知,商代夯土城垣工程的典型工艺是:倒梯形平底基槽,梯形墙体,夯层平直,夯窝清晰[268]。而洹北方壕圜底、填土倾斜疏松等种种特征,都迥异于郑州城、偃师城和洹北宫城所见商代夯土城垣工程的典型工艺。因此,可以排除这一遗迹属于已开始夯筑的城墙基槽的可能性。

洹南大邑

洹南都邑的存在年代相当于殷墟文化的第一至四期。

殷墟文化第一、二期,洹南小屯一带开始出现大型夯土建筑群,一般认为属宫殿宗庙区。自殷墟一期开始,居址和墓葬以小屯为中心分布。苗圃北地的铸铜作坊始建于此期。都邑的重心已移至洹南,遗址群的总面积约为12平方公里。本期晚段,遗址群范围有所扩大。至少在殷墟文化第二期时,宫殿宗庙区的西、南两面开掘了大型取土沟,部分连通洹河,应具有划区标识作用。取土沟围起的面积达70万平方米左右。其内有兴建于此期的夯土建筑基址,也有王室贵族的墓葬,如妇好墓、花园庄东地墓葬等。苗圃北地的铸铜作坊此时继续使用，其东北的薛家庄和小屯西北的孝民屯西地又各发现铸铜作坊一处。在大司空村东南新出现制骨作坊一处。小屯以外，居民点的数量和范围均有较大规模的扩增。南到刘家庄、梅园庄，西至孝民屯，都发现了此期的居址。遗址群的总面积扩大至 20 平方公里以上。侯家庄西北冈一带的王陵区已经建起。一般家族墓地数量显著增多。殷墟西区的"族墓地"也形成于此期。

殷墟文化第三、四期，遗址群的范围扩大至 30 平方公里左右。小屯及其附近仍为宫殿宗庙区。其外围取土沟已废弃，开始填埋。但宫殿区的范围很可能扩至更西的四盘磨村东一带，那里已发现了沟状遗存的线索[269]。洹河北岸西北冈一带的王陵区也不断扩大。这时的手工业作坊进入一个大的发展阶段。苗圃北地铸铜遗址的规模扩大了约一倍。孝民屯、薛家庄铸铜作坊及大司空村东南地制骨作坊一直沿用并都相应扩大。遗址群最西端的北辛庄附近，自第三期始又新建了一座制骨作坊。小屯西北地于第四期时新建了一处玉石器制造场。随着人口的增多，原有的居民点和墓地迅速膨胀[270]。

从考古发现的材料看，以小屯为中心的殷墟遗址群的主体遗存是自武丁开始的，因此，有的学者提出殷墟始迁于武丁[271]。而较之稍早的洹北城，应处于文献记载"殷"的范围内，因此，"盘庚迁殷的地点，最初可能是在安阳洹河北岸今京广铁路两侧。至武丁即位，国力隆盛，方迁到现在所知的以小屯为中心的殷墟"[272]。也有学者推断洹北城为河亶甲所迁"相"[273]。还有学者认为"无法排除'河亶甲居相'，也不能否定'盘庚迁殷'，甚至还有'先后续存'的可能"[274]。

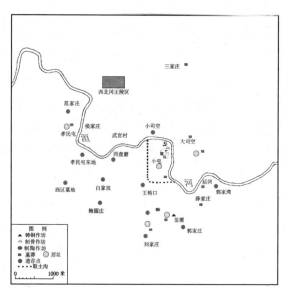

殷墟一期

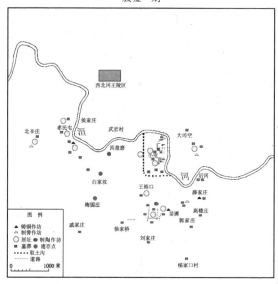

殷墟二期

殷墟都邑布局的演变过程（二）（葛韵制图）（含右页图）

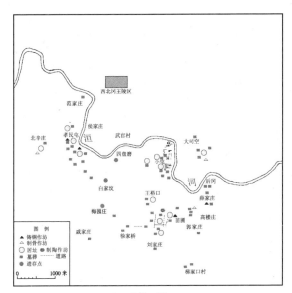

殷墟三期

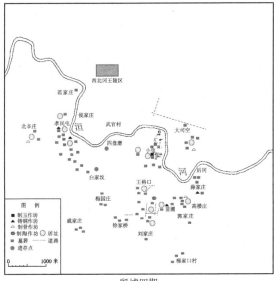

殷墟四期

四 三代大都 王国孔武

殷墟宫庙复原区鸟瞰（《考古中华》）

以洹南小屯宫殿宗庙区和洹北西北冈王陵区为中心的200余年的时间里，随着人口的增多和社会的繁荣，殷墟都邑经历了规模由小到大、结构逐渐复杂的过程，聚落总面积达36平方公里（由对殷墟边缘区的勘查可知，较之早年划定的24平方公里的保护范围，殷墟遗址群向南有大规模的延伸[275]）。宫殿区的范围可能不限于取土沟与洹河围起的70万平方米的区域，而是向西延伸，以人工或自然沟壑为界[276]。但在80余年的田野考古工作中同样未发现外郭城的迹象。

如果说以郑州城、偃师城为代表的商代前期的都邑布局（宫城＋郭城），与商代后期以洹南为中心的安阳殷墟有较大差异的话，那么洹北城可能正处于这两大模式的转折期。在承继了郑州城、偃师城的某些布局特征的同时，洹北城似乎又具有开洹南殷墟模式先河的意义，"正是吸取了（洹北）疏于防火的深刻教训，小屯宫殿才临河而建，并精心设计，处处防火。而由于洹河边特殊的地理位置，已无法满足再建城墙的需要。这可能是殷墟没有城墙的最主要的原因"[277]。当然，关于洹南殷墟未筑城的原因，学界还多有推想。最具典型性的推论是，"殷墟这一大邑聚落是通过星罗棋布式的小族邑簇拥着王族城邑而构成的。王族城邑是殷墟大邑商的中心，是都城的心脏，在王族城邑周围，在30平方公里王畿范围内向心式地分布着层层族邑，这层层族邑的沟通联结，形成了似无实有的聚落人墙，起到了聚落屏障或城墙的作用。加上殷墟文化时期的国力强盛和王权的强大威慑力，故殷墟都城很可能是没有外郭城墙设施的"[278]。作者把这类都邑布局称为"族邑模式"，认为"殷墟这种大邑都城形态，可能也直接影响了西周丰、镐京城的形态"。

无论如何，在相隔了约200年军事攻防色彩浓烈的二里岗时代后，殷墟的聚落形态又呈现出与二里头都邑相近的状况，并正式进入了直到西周王朝结束近500年"大都无城"的阶段。

二里岗：城郭"帝国"二百年

关于王朝时期商文化的上限，究竟可上溯至二里头时代还是始于二里岗文化，尚存争议。目前多数学者倾向于后一种意见，认为二里岗文化和殷墟文化构成商代考古学的主体[279]。到了二里岗文化时期或曰二里岗时代，二里岗文化不仅迅速覆盖了二里头文化的分布区，而且分布范围进一步扩大，聚落形态和社会结构

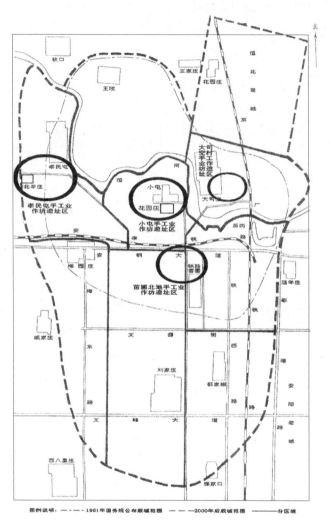

最新披露的殷墟遗址群总图(《殷都学刊》2014年第4期,孟宪武等文)

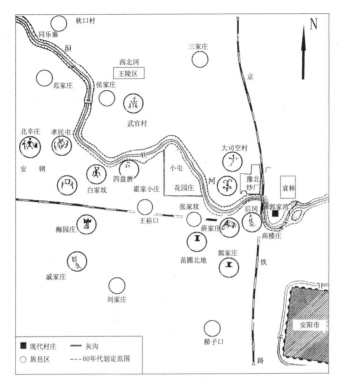

殷墟"大邑商"族邑分布示意(《中原文物》1995年第3期,郑若葵文)

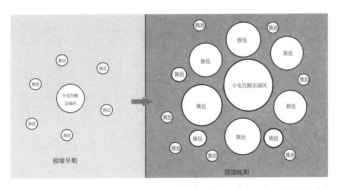

殷墟"都邑模式"布局演变示意(《三代考古》(四),岳洪彬等文)

都有极大的飞跃。

关于二里岗国家的膨胀性态势，学者多有论述。如认为二里岗文化时期是中国先秦历史上的一个特殊的时期，"从某种程度上来说，这个时期中央王朝的国力可能超过了商代晚期和西周早期"[280]。正是在这个时期，以郑州城为中心的二里岗文化急剧向周围扩展，先前黄河中下游地区存在的二里头文化、下七垣文化和岳石文化鼎足而立的文化格局被打破。在东至海岱、西达关中、北抵冀中、南逾江淮的广大区域内，人们都使用着一套共同的日常生活用陶器，

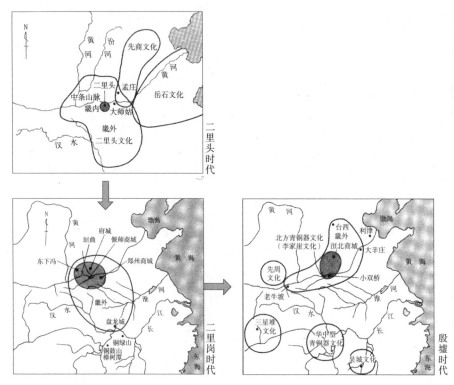

二里岗时代前后的文化态势（《从神话到历史：神话时代、夏王朝》）

形成了分布范围相当广阔的二里岗文化圈[281]。制作工艺简单而不便携带的日用陶器，往往具有极强的地域性特点和文化传统上的保守性，如非人群迁徙和政治性强势干预等因素，很难达到广大地域内风格的高度一致。而对二里岗时代陶器的地域分布的研究表明，"二里岗时代，在中心地陶器组合扩散的同时，各地的地方要素急剧减少甚至灭亡。在比较短的时间内，即被伊洛·郑州系陶器一元化"[282]。有的学者在对全球早期文明进行比较分析的基础上，甚至认为二里岗文明的扩张可以看作中国历史上第一个"帝国"的出现[283]。二里岗文明的上述特征及学界的相关思考，都有助于我们理解城郭形态在二里岗时代出现的历史背景。

在二里岗时代，具有都邑性质的郑州城和偃师城都围以城郭，有极强的防御性，而其近旁及外围又分布着若干城邑，都应是出于政治、经济和军事目的而有计划设置的。

郑州城

商代二里岗期的郑州城，地处现郑州市区的东部，坐落于西、南部黄土丘陵高地和东、北部湖沼平原相交接的地带，从地形大势上看，由西南向东北倾斜。此地自古以来就是东西、南北交通的咽喉要道，素为兵家必争之地。

1950年秋，当地一位小学教师在郑州旧城外东南约1公里的二里岗一带发现了陶片和石器等古代遗物，随后，文物部门对二里岗及其周围地区展开调查，发现了丰富的遗存。1952年秋试掘，次年开始较大规模的发掘[284]。由于郑州商代遗址的最早发现、发掘地点都在二里岗一带，依考古学文化命名的惯例，郑州新发现的早于安阳殷墟的商文化，被称为"商代二里岗期"文化。

除二里岗遗址以外，1952～1955年，考古工作者还先后发掘了南关外、白家庄、铭功路西侧、紫荆山北和人民公园等遗址。在南关外和紫荆山北发现了两处铸铜作坊遗址，在铭功路西侧发现了制陶作坊遗址，在紫荆山北发现了与制骨作坊相关的遗存，在白家庄、北二七路和杨庄发掘了多座随葬青铜器和玉器的墓葬，在人民公园则发现了二里岗文化与殷墟文化堆积的层位关系，从而确认了二里岗文化早于殷墟文化的发展序列[285]。发掘者因而推断"郑州在商代当不是一般的小村落，很可能是一个人口密集的大城邑"[286]。

1955年秋，白家庄一带首次发现二里岗文化时期的条状夯土，这引起了发掘者的注意，他们开始意识到它可能是商代的夯土墙。从1956年开始有计划地沿夯土的走向进行了较全面的钻探，发现这条夯土墙向东南和西北延伸后分别折而向西、向南，与"郑县旧城"的西垣、东垣及南垣重合，围成一个接近长方形的夯土城垣。同时开始有计划地对四面城垣采用开挖横截探沟的方法进行解剖性发掘。1972～1973年，又对东、西、南三面城垣进行了钻探复查。通过前后两次工作，对郑州城的范围有了更为全面的了解，在四面城垣上发现了大小11处缺口，其中有些可能与城门有关。1956～1974年，在四面城垣上共开挖横截城垣的探沟22条，获得了一批可靠资料。至此，郑州城的建造年代得以确认[287]。

1973～1978年，在城内进行钻探与发掘，发现了东北部的夯土建筑基址群，确认为与城垣大致同时兴建的宫殿区。之后，又在这一范围内的多处地点发现了夯土基址并进行了重点发掘，为研究宫殿区的范围、布局等提供了新的重要资料[288]。

郑州向阳回民食品厂青铜器窖藏发掘现场(《郑州商城——1953~1985年考古发掘报告》)

1996年在郑州南顺城街出土一组12件青铜器(《中原古代文明之光》)

1974～1996年，先后在郑州城西墙外的杜岭张寨南街、南顺城街、商城东南城角外向阳回民食品厂发现了三处铜器窖藏，共出土28件青铜器[289]。这些窖藏坑的发现，对研究郑州城的性质与年代具有重要意义。

1953～1954年发掘二里岗时，曾经发现一段长约2100米、宽约25米的夯土墙。1955年又在今郑州东站北侧发现了夯土墙。限于层位关系的缺乏和认识的局限，这一发现在当时并未引起足够的重视。1980年代以后，又陆续在郑州城的西城垣外700～900米处和南城垣外900～1200米处发现夯土墙基，可与二里岗一带曾发现的夯土相连接，形成围绕郑州城西、南侧的又一道防御设施，其建造年代与已发现的郑州城城垣大体相同[290]。

种种发现表明，二里岗文化阶段，郑州开始出现大型都邑，中心区兴建起了周长近7公里的夯土城垣，现已究明其属于内城，城圈面积达3平方公里。其内除了东北部分布着较集中的宫室建筑群外，多为空地，故不少学者认为"郑州商城已发现的内城可理解为'小城'或'宫城'"[291]。在内城南墙和西墙外600～1100米外，又发现了外城城垣，由西南至东北，对内城形成环抱之势，外城加东北部沼泽水域围起的面积逾10平方公里[292]，或说超过13平方公里[293]。城址周围手工业作坊、祭祀遗存、墓葬区等重要遗存的分布范围达15平方公里。在其周边，还分布有众多小型遗址，应属郑州城的"卫星"聚落。二里岗文化遗址相对集中分布范围约160平方公里[294]。

关于郑州城的分期，早在1950年代，《郑州二里岗》即依据二里岗遗址的发掘资料进行了初步的期别划分，提出了"二里岗期下

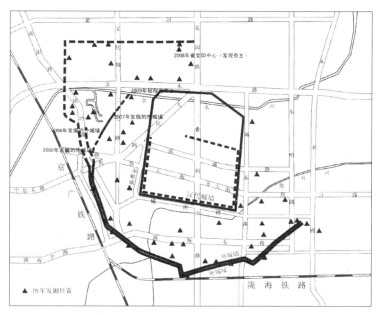

郑州城（《郑州大学学报（哲社版）》2010年第3期，刘彦锋等文）

层"和"二里岗期上层"前后两大期的概念。此后，考古界通常以"二里岗下层"和"二里岗上层"来指称郑州城商文化的早、晚期。1980年代初，邹衡把二里岗下、上层又各分为两组，并将白家庄遗址上层作为更晚的一组，重新整理为前后相继的三段五组（先商末期至早商）。稍后，长期主持郑州城田野工作的安金槐也发表了自己对二里岗文化再分期的结果，将二里岗文化细分为四个小期，即二里岗下层一期、二期和二里岗上层一期、二期（白家庄期）[295]。这一四分法的分期意见得到不少学者的赞同，并为夏商周断代工程所采纳[296]。鉴于历史原因导致的考古学文化及期别定名的不规范，下文用二里岗文化早期、晚期（其下又各分为早、晚段）来替代二里岗下层、上层及其下小期的提法。

约当二里头文化晚期阶段，郑州一带既已存在具有相当规模的聚落群。二里岗文化早期早段，内城的四面城垣及外城城垣的多处地段均已开始建筑；在城内东北部分布有少量夯土基址和夯土墙基。城内东部，城北的紫荆山北，城西的铭功路西侧，人民公园和城南的二里岗一带均发现有此期的小型房址、墓葬等遗存。这一时期是郑州城的始建期。

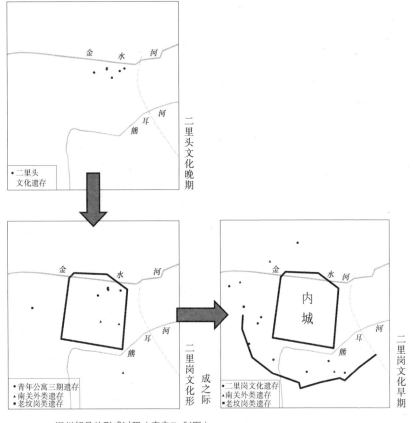

郑州都邑的形成过程（李宏飞 制图）

二里岗文化早期晚段，内城和外城筑好并投入使用；城内东北部的宫殿区夯土台基增多，出现多座大型夯土建筑基址；位于内城以南、内外城之间的南关外铸铜作坊，内城以北的紫荆山北制骨作坊以及内城以西的铭功路制陶作坊也已开始使用；同时，这一时期开始出现铜器墓。遗存的分布遍布内城和内外城之间，表明此时城市人口急剧增加。郑州城自此期开始进入繁荣期。

关于内、外城的始建年代，目前尚有分歧。或认为均始建于二里岗文化早期晚段；或认为内城始建于二里岗文化早期早段，而外城始建于二里岗文化早期晚段；或认为内城的始建接近二里头文化晚期阶段的洛达庙期，而外城的始建年代应接近或略早于二里岗文化早期早段[297]。

二里岗文化晚期早段，郑州城城垣继续使用，早期的夯土建筑仍在使用，在城内东北部又新建、改建了多处大型夯土建筑，宫殿区的面积进一步扩大；宫殿区内还建有大型石砌蓄水池、石砌供水管道、木结构框架的水井等，形成完备的供水系统。原有的铸铜、制陶和制骨作坊继续使用，并在北城垣外的紫荆山新建了一座铸铜作坊；同时，在内城的内外多个地点发现铜器墓，并在内城西垣北段外的张寨南街和东南城角外的向阳回民食品厂发现了铜器窖藏坑。此期应是郑州城的鼎盛期。

二里岗文化晚期晚段，内城的宫殿区还有夯土建筑遗存，并发掘出一段东西向的夯土墙，已知长度逾百米。在内城西垣南段外侧发现有此期的铜器窖藏坑，内城外的白家庄、铭功路、北二七路等地则发现有这一时期的铜器墓。可知此期的聚落应仍作为都邑存在，有商王室和贵族在此活动，但已开始趋于衰落。两处铸铜作坊至迟在此期偏晚阶段废弃。

相当于殷墟文化早期阶段,已人烟稀少,人民公园等处曾发现有小型聚落址。

1950年代以来郑州城的一系列重要发现,使人们确信它应是商王朝的一座都城遗址。只是对各类遗存的存灭时间,以及与之相关的立都时间和它与偃师城的具体历史归属与定位的认识,尚存异议。学者们推断其应为商代中期仲丁所迁之隞都,或为商王朝初期成汤始居之亳都等[298]。

小双桥

郑州城的郊外,多见中小型聚落址,并偶有城址发现,规格较高的超大型遗址仅见于西北郊的小双桥一带。

小双桥遗址位于郑州城西北20公里许的索须河畔,地处邙山向南延伸的余脉尽头,东北部有古荥泽。1980年代,曾在这一带先后发现青铜建筑构件。1990年,对该遗址进行了调查和试掘。1995年以来,又多次对该遗址进行了全面调查和大规模发掘,确认遗址群的面积达100余万平方米,发现多处夯土基址、青铜冶铸遗迹和众多的祭祀遗迹等[299]。正式发掘报告称其面积"不少于144万平方米";据称实际范围或可达400万平方米左右。该聚落延续时间较短,遗存主要属二里岗文化的最后阶段即晚期晚段(也称白家庄期)。

小双桥遗址发现了面积约2000平方米的大型夯土台基,其原高至少应在9米以上。在遗址的中心区,已揭露数处大规模的夯土建筑基址,包括牲祭坑、人祭坑在内的20余处祭祀遗存及与青铜

小双桥遗址鸟瞰(《郑州小双桥——1990～2000年考古发掘报告》)

冶铸有关的遗存。祭祀坑可分为综合祭祀坑、牛头坑、牛角坑、牛头(角)器物坑和器物坑等多种。遗址中还发现了较多的与冶铸有关的灰坑,其中有粘附铜汁的熔炉壁残块、孔雀石、铜炼渣、烧土颗粒和陶外范残块等。大型夯土台基西侧附近的壕沟内曾发现大型青铜建筑饰件,显示出不凡的规格。出土遗物十分丰富,包括铜器、玉石器、原始瓷器、金箔、卜骨等珍品。铜器除建筑饰件外,还有爵、斝等容器和镞等兵器。石器有磬和方孔器等,后者可能与山东及其附近地区的岳石文化有关。出土遗物中与殷墟朱书文字和甲骨文一脉相承的朱书陶文尤为引人注目,这是目前发现的商代最早的书写文字[300]。

关于小双桥遗址的性质问题,有的学者鉴于该遗址范围较大,规格较高,内涵丰富,在年代上与郑州城的衰落年代相当而早于安

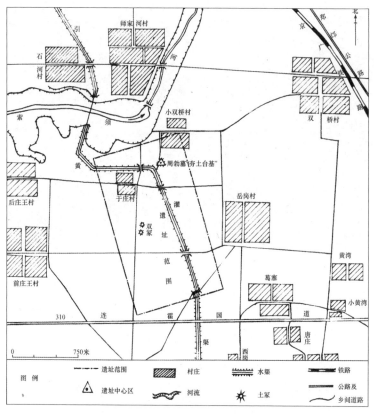

小双桥遗址（《郑州小双桥——1990~2000年考古发掘报告》）

阳殿墟，认为应是商王仲丁所迁隞都[301]。也有学者认为，小双桥遗址距郑州颇近，存在大量的祭祀坑和祭祀用品，但缺乏王都所应有的其他生活遗存；且白家庄期郑州商城仍有宫殿建筑等重要遗存，它和小双桥遗址之间并无明显的替代关系，应属郑州商城的离宫别馆、宗庙遗址，或郑州商城使用期后段商王室的祭祀场所[302]。就现有材料而言，小双桥遗址面积较郑州城显然尚小，郑州城在其存在

小双桥遗址宫殿区的夯土台基(《郑州小双桥——1990~2000年考古发掘报告》)

小双桥出土的青铜建筑构件(《郑州小双桥——1990~2000年考古发掘报告》)

时期也并未完全废弃，因而是否可确认其为商王朝的都邑，尚难遽断。对小双桥遗址性质的最终确认，尚有待于今后的田野考古和研究工作的进展。

到目前为止，还没有在遗址范围内发现有城垣遗存。这一二里岗时代末期高规格的都邑性聚落，或许已揭开肇始于殷墟时代的"大都无城"的序幕。

偃师城

偃师城遗址坐落于洛阳盆地东部，现河南省偃师市城区西部。遗址南临洛河，北依邙山。西南距二里头遗址约6公里，西距洛阳市约30公里，东距郑州城约110公里。

在国务院1988年公布的第三批全国重点文物保护单位名单中，该城定名为"尸乡沟商城"，这一称谓到目前为止仍多见于学术论著和各类读物中。"尸乡沟"一词最早见于偃师城发掘者的文章中，其中援引《汉书·地理志》河南郡偃师下班固自注"尸乡，殷汤所都"，而"城址中部有一条东西向的低凹地带，穿城而过，老乡世代相传称之为尸乡沟或尸乡涯"，这"与文献记载如此符合，绝非偶然之巧合。据此，我们认为这座城址即商汤所都的西亳，殆无疑义"[303]。后有学者经调查指出，此或为发掘者证史心切，而将当地老乡所言"石羊沟"（该地曾有古墓前安置的石刻的羊等动物像）解译为发音相似的"尸乡沟"[304]。一个旁证是人们讲究吉祥寓意，而当代汉语中"尸"为不祥之词，因而不应见于地名之中。由于"尸乡沟"并非当地正在使用的小地名，不符合考古遗址的定名标准，因而我们不使用"尸乡沟商城"一词。

1983年春季，为配合首阳山电厂选址，中国社会科学院考古研究所洛阳汉魏故城工作队钻探发现该城并进行了试掘。是年秋季，考古所组建河南第二工作队负责偃师城的勘探和发掘。此后一系列的田野工作，为建立该城址的考古编年序列，探究城址以及宫殿区的布局、建筑结构及其演变过程，乃至进一步探究该城的性质，提供了丰富系统的资料[305]。

与郑州城大体同时的偃师城，最初建有圈围面积约86万平方米的小城圈，而后北、东两面外扩（城外东南部已探明有水泊遗迹，东城垣南段很可能为避开该水泊而向西拐折），总面积约1.9平方公里（城内面积）。宫殿区位于城址的南部。以被称为"宫城"的第Ⅰ号建筑基址群为中心，包括两处可能为府库的围垣建筑群及其他建筑基址。大城城垣墙体顶部残宽16~18米，基部宽18~19米。城墙上已发现6座城门，已发掘的5座城门均为单门道，门道宽度仅2~3米，两侧皆有木骨夯土墙，推测门道上方原应有建筑。城垣宽厚且有意设计出多处拐折，城门狭小，以及城内府库类建筑的设置，都体现了较浓厚的战备色彩。

发掘者依据遗址自身的陶器编年序列，将偃师城商文化遗存分为前后相继的三个时期[306]。第一、二期各分为两段，第三期包括早、中、晚三段。第一期遗存的年代同郑州二里岗文化早期早段和二里头遗址二里头文化第四期（至迟其晚段）遗存相当；第二期相当于二里岗文化早期晚段；第三期早、中段相当于二里岗文化早期至晚期遗存的过渡期至二里岗文化晚期早段，第三期晚段相当于郑州二里岗文化晚期晚段（白家庄期）。

该城址经历了由兴至废的全过程，其间的布局结构也随时间的推移而有所变化。

第一期,偃师城的始建和初步使用时期。主要遗迹有早期宫城及其内东、西两组建筑,宫城北部的祭祀场和小城城垣。宫城内西组建筑中始建于此期的有第七号、九号(其附属建筑编为一号)、十号夯土基址,东组建筑有四号基址。此外,还有被认为属于府库的第Ⅱ号建筑群基址之下层建筑以及位于城外东北部的青铜冶铸作坊遗存。至本期晚段,偃师城已粗具规模。

第二期,偃师城的大规模扩建时期。在小城基础上修筑了大城城垣,城址北部和东北部外扩,规模增至近2平方公里。宫城内的布局也发生了很大变化:东组建筑中的四号基址继续使用,新建了六号基址(原《简报》称"五号下层宫殿")[307];西组建筑新建了八号基址,九号基址扩建为二号基址,向西延展,宫城西垣之一部

偃师城鸟瞰(《偃师商城(第一卷)》)

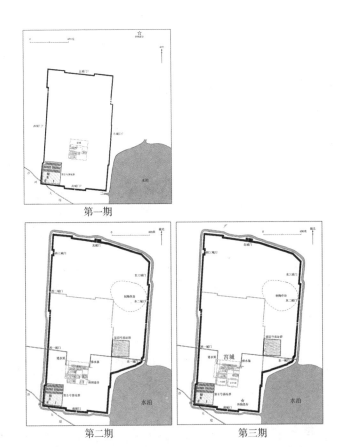

偃师城布局的演变过程（《三代考古》(六)，陈国梁文）

也相应西移；祭祀场进一步扩大为三个区域；挖建了宫城北部的水池，引活水入池，石砌水道贯通大城东西。宫城内由南向北形成宫殿区、祭祀区和池苑区并存的格局，并出现铸铜活动。第Ⅱ号建筑群在原基址上经过全面翻修、改建，形成该建筑群中层基址，性质相同或相近的第Ⅲ号建筑群可能始建于此期。

第三期，偃师城的继续使用和衰败、废弃时期。本期早段是偃师城由盛转衰的过渡时期。大城城垣有修补迹象；第Ⅱ号建筑群局部得到修缮；久已废弃的小城北部城垣被夷为平地[308]。宫城的格局发生了显著的变化：在六号、七号基址上兴建起规模更大的五号、三号基址（也有学者认为三号基址始建于第二期[309]），突破了宫城西、南墙的范围，使得第Ⅰ号建筑群的面积进一步扩大至约 4.5 万平方米。其以西的院落和建筑也极有可能兴建于此期[310]。与此同时，若干建筑基址已废毁，宫城北部的水池逐渐淤塞废弃。陶器已开制作粗糙之风。

进入第三期中段，宫城范围内的建筑基址和主要祭祀场以及作为府库的第Ⅱ、Ⅲ号建筑群已基本废毁[311]。"另外，迄今未发现在第三期中段及其后新建的大型建筑基址"[312]。鉴于此，偃师城作为都城的下限应是第三期早段，即二里岗文化晚期早段或稍早。

第三期晚段的遗存很少，仅见零星灰坑。此时城址应已完全废弃，沦为一般聚落。

关于偃师商城的绝对年代，根据"夏商周断代工程"提供的系列测年数据，其始建年代被推定为约公元前 1600 年（此后有专家认为"两个商城最早的年代均不早于公元前 1580～公元前 1560 年"[313]）；偃师商城第三期早段的年代被推定为公元前 1400 年前后[314]，则这座城址由兴到废经历了约 200 年时间。

归纳起来，围绕郑州城与偃师城两座城址的年代、性质及相互关系问题，主要有三种意见：一种意见认为偃师商城是汤都西亳，郑州商城是仲丁所迁隞都[315]；一种意见认为郑州商城是成汤始居之亳都，偃师商城是大体同时或稍晚的太甲"桐宫"、别（陪）都或

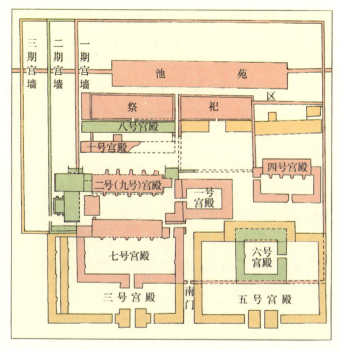

偃师城宫城的扩建过程（据《考古》2015年第12期简报改绘）

军事重镇[316]；一种意见倾向于二者同为商代早期的国都，惟重点使用时间有交错，这种两都或多都并存的现象多见于后世，郑州、偃师二城或为其肇始[317]。"夏商周断代工程"则做出了调和折中的表述："郑州商城和偃师商城基本同时或略有先后，是商代最早的两处具有都邑规模的遗址，推断其分别为汤所居之亳和汤灭夏后在下洛之阳所建之'宫邑'亦即'西亳'的意见具有较强的说服力"[318]。

近年的发掘与研究，使我们对两座城址的兴废年代和过程有了较清晰的认识。以最早的宫殿和宫城的营建为标志，两城始建年代接近，都约当二里岗文化早期早段。二者的兴盛期大体并存，或有交错。由小城的修建、宫殿基址群的改扩建、府库的营建和大城的出现等现象看，偃师城最主要的使用时间是二里岗文化早期，至二里岗文化晚期早段时虽有夯土建筑的兴建，但已开始衰落，不久即告废弃，至二里岗文化晚期晚段已沦为一般聚落[319]。郑州城宫殿区大型夯土基址群和内、外城垣，以及大型铸铜作坊和多处墓地的出现，表明在二里岗文化早期晚段时，该城已进入兴盛阶段；二里岗文化晚期早段时，该城持续繁荣并达到鼎盛[320]，而此时恰值偃师城开始走向衰落的时期；至二里岗文化晚期晚段时，偃师城已彻底荒废，而郑州城内一些夯土建筑和两处铸铜作坊在本期的一段时间内继续使用，且发现有青铜器窖藏坑，说明该城至少在此期仍有王室或贵族活动[321]，仍应属都邑级的遗址。可知郑州城与偃师城大体同时兴起，而后者的废弃时间要早于前者。

从考古学层面看，可以肯定郑州城和偃师城是大体同时的两座二里岗文化时期的都邑级遗址。就遗存分布范围而言，郑州城为10平方公里以上，偃师城则基本上限于大城城垣以内（约1.9平方公里）。从城址规模上看，郑州城在建城之初即建有3平方公里的内城和规模逾10平方公里的外城；偃师城早期小城约0.86平方公里，后来扩建的大城不足2平方公里。郑州城发现了为数众多的出土青铜礼器的墓葬和青铜器窖藏坑，以及铸造青铜礼器的作坊；偃师城则仅见有个别随葬少量青铜礼器的墓葬。偃师城几乎平地起建，城垣宽厚且有意设计出多处拐折，城门狭小，以及城内府库类建筑的设置，都显现出较浓厚的战备色彩；这与郑州城的全面繁盛

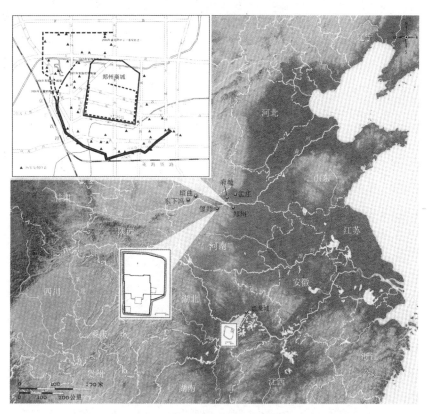

二里岗文化的城邑分布与规模比较（据 *Art and Archaeology of the Erligang Civilization* 附图改绘）

也形成较鲜明的对比。总体上看，这两座城址在聚落层级上的差异是显而易见的；同时，二者的城市功能也很可能有较大的不同。鉴于此，郑州城为主都，偃师城是军事色彩浓厚且具有仓储转运功能的次级中心或辅都的意见[322]应是较为妥当的。

周边城邑

随着郑州城和偃师城的兴起与兴盛，在二里岗王朝的中心区域郑洛地区及其附近，以及二里岗文化分布的边缘地区，较为集中地出现了若干城址。

新郑望京楼

望京楼城址位于河南省新郑市望京楼水库东,古溱水(今黄水河)东岸,北距郑州市 35 公里。该遗址早在 20 世纪六七十年代,即出土有二里头文化晚期至二里岗文化时期的青铜器和玉器等遗物。在最新的调查勘探中发现了二里头文化城址和二里岗文化城址各一处。

二里岗文化城址略作方形,方向为北偏东 15°。其中东城墙长约 590 米,北城墙长约 602 米,南城墙长约 630 米,西城墙长约 560 米,面积约为 37 万平方米。在东城墙上发现两处缺口,南城墙上发现一处,应为城门[323]。已发掘的东一城门平面呈"凹"字形,且门前有附属建筑设施,或具有瓮城的性质[324]。除毗邻黄水河的西城墙外,其他三面城墙的外侧有护城壕。城内发现东西和南北向的道路共四条。城址中南部发现一处大型夯土建筑遗存。

北城墙以北约 300 米以外,发现一条人工开凿的壕沟,东西连通自然河流黄沟水和黄水河。壕沟长 1100 米,宽 10~25 米。因该城址西、南临黄水河,此壕沟应与黄水河和黄沟水形成一个封闭的空间。在人工壕沟与黄沟水交界处的东北部内侧,发现曲尺状夯土残迹。在北城墙及外壕之间发现大量灰坑、陶窑、墓葬等遗迹。由此推定遗址的总面积达 168 万平方米。

新的考古工作初步确认二里岗文化城址始建于二里岗文化早期,在二里岗文化晚期曾做过修补,废弃于二里岗文化末期或稍晚。发掘者根据城址规模,城墙、城门和护城壕所显现出的浓重的

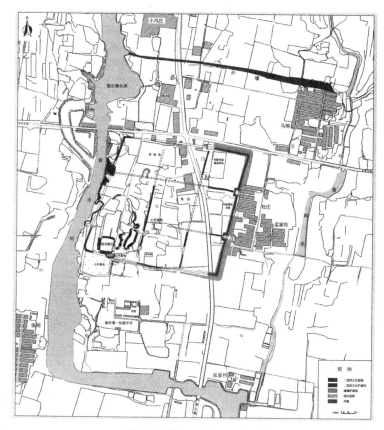

新郑望京楼城址（《中国国家博物馆馆刊》2011年第10期）

军事色彩，推测望京楼二里岗文化城址可能是郑州商城南部的一座军事重镇[325]。

二里头文化城址位于二里岗文化城址之外，保存较差，已发现东城墙及东南、东北拐角处。东城墙长625米，城墙外也有壕沟。城墙基槽被二里岗文化下层一期城址的护城壕打破[326]。

荥阳大师姑

　　大师姑遗址位于郑州市西北 22 公里处，西距二里头遗址约 70 公里。二里头文化时期，这里建造了面积达 51 万平方米的夯土城址，城外有环壕。到了二里岗文化早期，又在二里头文化城圈和环壕之间清淤和开挖了新的环壕。壕沟口部较宽，宽 13～15 米，沟壁较缓，中下部陡直内收，底部较平，残深 4～7 米。与二里头文化时期的壕沟相比，较为规整。依发掘报告所披露的材料，尚无迹象表明二里头文化的夯土城垣在二里岗文化早期遭到严重破坏，发掘者推测"城址此时可能还在续用"。同时，环壕和城址内分布着

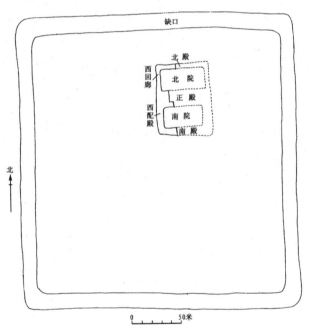

焦作府城城址（《考古学报》2000 年第 4 期）

丰富的二里岗文化时期的遗存，其分布范围甚至扩大到了城址以东约400米的范围内。环壕到了二里岗文化晚期基本淤平[327]。这表明此期的大师姑遗址，仍是郑州城左近一处重要的聚落。

焦作府城

城址位于河南省焦作市区西南，地处太行山南麓、黄河以北的山前平原上[328]。北城墙外有小河自西向东流过。其平面略呈方形，边长280米余，面积约8万平方米。城墙夯筑而成，底宽4～8米，东、南城墙基槽的宽度在15米左右。西、北部城墙保存较好，南墙仅存基槽部分。

城内北部偏东共发现4处夯土基址，相互有叠压打破关系。其中1号基址最大，平面形状为长方形，南北长70米，东西宽约55米，面积约3500余平方米。分为南、北两个院落，两个院落之间应为正殿，东西有回廊或配殿。城垣与夯土基址的方向均为北偏东4°左右。

以往的调查发现，城东部有路土、夯土、烧土和灰坑等遗迹，似为生活区。此外还发现一处小面积的石块和半成品石器集中堆放的区域，似为石器作坊。遗迹、遗物仅局限于城内，城内曾出土有二里岗文化晚期的铜戈。

城墙与城内夯土基址都应始建于二里岗文化早期，部分基址和城墙延续使用至二里岗文化末期的白家庄期，至其晚段最后废弃。

垣曲古城南关

城址位于山西省垣曲县古城镇南关，坐落于中条山脉之中的小盆地内，黄河北岸的阶地上。城址修建之前，这里曾是二里头文化晚期的环壕聚落[329]。

城垣平面略呈梯形，南北长约400米，东西长约350米，总面积约13万平方米。其中北、东城墙为单墙，现存宽度6~15米。西、南城墙由内外两道夹墙构成。西墙中部偏北处有缺口一，应为门道，缺口以北有东西向横墙连接内外墙，门道以南为双道夹墙，两墙相距7~10米，形成一条窄长的通道。西墙外还有一条与之平行的护城壕，南端直通台地南缘的冲沟中。南墙西段的双道夹墙相距4~14米。其外墙西端与西城墙之外墙不相连，其间有宽16米的缺口。南墙中部依地形向内微微折曲。除西墙外，南墙和北墙上也发现有缺口，有可能是城门之所在。城垣的东南部分由于河水的冲刷而无存。

城内中部偏东的宫殿区，是以南北并列的两座大型夯土台基为中心、四周有整齐的夯土墙相围的一组建筑。宫殿区南北长约88米，东西宽约50米，面积达4500平方米。自西城墙门道，有一条宽12米左右的主干道横贯城内中部，直通宫殿区。城内东南隅为一般居住区，面积约3万平方米，文化层堆积较厚，房址、窖穴、沟壕、墓葬和陶窑等遗迹十分丰富。在居住区以西，即城址南半部发现了数座保存较好的陶窑，这一区域有可能是制陶作坊区。城南发现随葬铜器的墓葬，应属规格略高的贵族墓。

由城址的地层关系可知，该城始建于二里岗文化早期晚段并延续使用到二里岗文化晚期。区域聚落研究表明，二里岗文化时期的聚落分布没有二里头文化聚落密集，且仅集中于垣曲盆地的南部，以垣曲古城南关城址为中心的聚落群，分布范围约60平方公里。

这座城址地理位置险要，防御坚固，军事色彩浓厚，而物质文化面貌又与郑洛地区二里岗文化中心区保持着一致性，因此很可能是商王朝设在晋南黄河北岸的军事重镇，同时又起到了控制铜矿产地和其他资源，保证开采运输，抵御外来掠夺的作用[330]。

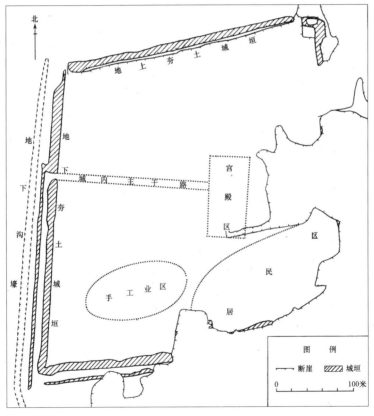

垣曲古城南关城址（《垣曲盆地聚落考古研究》）

夏县东下冯

遗址位于山西夏县县城东北，坐落于运城盆地内的青龙河两岸台地上。总面积约 25 万平方米[331]。在河南岸发现夯土城址一座，目前仅大体查明了南城垣和东、西城垣的南段。东城墙残长 52 米，西城墙残长 140 米，东西两墙之间相距约 370 米。南城墙总长 440 米，中部折进 75 米，使东南部城垣形成缺角。城址面积应在 10 万平方米左右。城墙宽约 8 米，内外两侧均有夯筑护坡。城墙外侧绕以护城壕，与城墙底部的夯土斜坡基本相连。

城址的年代约当二里岗文化早期，二里岗文化晚期废弃。

城的东部集中出土小件铜工具、武器、铜渣和石范等，表明这

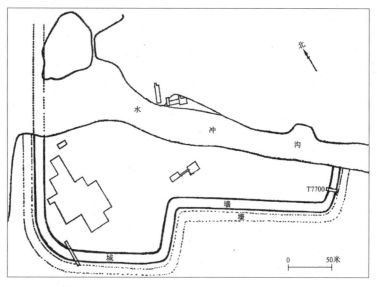

夏县东下冯城址（《夏县东下冯》）

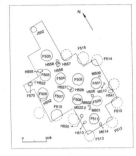

东下冯的圆形建筑与《天工开物》中古代盐仓对比

一带可能是铸铜作坊。城内西南角发现了与城垣同时期的20座圆形建筑基址，钻探结果显示，该基址群至少由7排组成，总数大概有40～50座。这些圆形建筑的直径为8.5～9.5米，均坐落于略高出当时地面的夯土台基上，基址面上都有柱洞。基址周围则发现有路土。有学者推断为仓储遗址甚至确指为粮仓[332]，另有学者指出这些建筑与《天工开物》中描绘的古代盐仓也十分相似[333]。最近的科学检测，证实它们应是储盐的窖藏坑[334]。

东下冯遗址地处中条山北麓，距河东盐池仅30多公里，因而有可能是盐道上的一处重要据点，同时也应是包括采矿铸铜、制陶等功能在内的区域性手工业生产中心[335]。

武汉盘龙城

盘龙城遗址位于湖北省武汉市黄陂区盘龙湖畔，地处长江支流

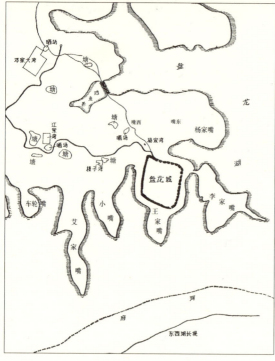

武汉盘龙城城址（上：《礼乐中国——湖北省博物馆藏商周青铜器》，下：《文物》1976年第2期）

府河北岸的高地上。整个遗址群由夯土城址及其周围矮丘和湖汊间台地上的若干一般遗址组成，总面积逾1平方公里[336]。

城址坐落在遗址群东南部的一小山丘上，城墙随地势之起伏而修筑，残宽20～40余米，为版筑而成，应是长江流域最早的版筑城垣。城址平面略呈平行四边形，南北约290米，东西约260米，面积约7.5万平方米（城内面积约6万平方米）。城垣四面中部各有一缺口，可能即城门。城外挖有护城壕。

城内东北部发现面积约6000平方米的人工土筑台基，宫殿建筑群即分布于其上，已发现大型建筑基址3处。其中1号基址面阔38.2米，进深11米，根据柱穴与墙基的结构，可知该建筑的主体为四间横列的居室，隔以木骨泥墙，四周则绕以回廊。有学者将其复原为一座"茅茨土阶"、四坡顶重檐的大型木构建筑物。其与2号基址前后平行排列，具有共同的中轴线。未经发掘的3号基址，或也属于这一建筑群的组成部分，构成三进院落[337]。在基址的西侧还发现有由相互连接的陶质水管组成的排水设施。

城址内的西南部为低洼地，当时可能为池塘。此外并无其他遗迹发现。发掘者推测该城址具有宫城的性质，是合适的。

要之，盘龙城城址与宫室建筑，无论从结构布局和建筑技术上看，都与二里岗文化保持高度的一致性。至于约2.5平方公里的"外城"城垣[338]，由于未经发掘确认，暂存疑。

在城南的王家嘴、城北的杨家湾、城西的楼子湾和城东的李家嘴等地，都发现有文化堆积，但不见大型建筑基址，当为一般居民区和手工业作坊区。后三个地点有许多二里岗文化时期的墓葬，李

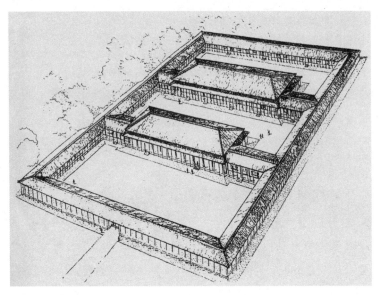

盘龙城大型建筑群复原示意(《宫殿考古通论》)

家嘴一带集中发现有随葬青铜器的贵族墓。尽管在青铜礼器的产地问题上尚有不同的意见,但盘龙城青铜器群属于中原文化系统,应是可以肯定的。

　　遗址中最早的遗存约当二里头文化晚期(发掘者认为约当二里头文化第二、三期,但不少学者认为失之偏早[339]),尚属一般聚落。至于城垣的营筑及使用年代,发掘者认为"上限相当于二里岗上层一期偏晚……下限在二里岗上层二期晚段(即商代白家庄期),之后城址即已荒废"[340]。《中国考古学·夏商卷》则认为城址始建于二里岗下层(二里岗文化早期)晚段,而最晚阶段遗存的年代可至所谓中商二期[341],即殷墟文化的最初阶段。无论如何,二里岗文化晚期是该城址的兴盛期，城内的宫殿基址即修筑于此期。

盘龙城遗址在城墙的夯筑技术、宫室的建筑手法、埋葬习俗及遗物特征等方面，都同二里岗文化有着明显的一致性。因而，一般认为，盘龙城遗存是以一支南下的中原商文化为主体，融合本地及江南文化因素而形成一个商文化的边地类型——盘龙城类型[342]。

有学者认为盘龙城遗址最晚的遗存相当于殷墟文化的洹北花园庄晚期。而盘龙城遗址的废弃实际上带动了荆南寺、铜鼓山等遗址的废弃以及此后商文化因素在江汉平原西部、澧水上游流域、洞庭湖流域等地区的急剧退缩[343]。

在距盘龙城不远的云梦王家山也发现了一处小城堡[344]。遗址主要部位是一个西南—东北向的角锥形土台。西南端较宽，80余米，土台西南至东北最长距离约180米。城垣的走向基本上是围绕着土台边缘的。发掘结果表明，这座城址的建造和使用年代为二里岗文化晚期，城墙经过三次修筑。另外，在遗址中还发现了同时期的小型土坑墓。王家山城址的规模远不及盘龙城大，很可能是为了保障矿产资源运输线的畅通而建立的次一级的军事据点。

总结起来，上述城址有如下特点：

一、存在时间高度集中，大都始建于二里岗文化早期，废弃于二里岗文化末期的白家庄期前后，也即郑州城与小双桥此衰彼兴，甚至洹北城兴建之际。

二、这些城址大都处于水陆交通的要冲，同时在筑城技术和布局上注重军事防御能力。

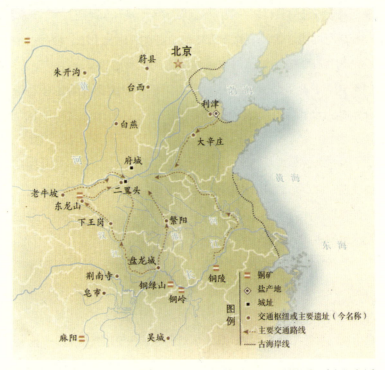

早期王朝时代的资源分布与重要遗址（《古代文明》第1卷，刘莉等文；《中华遗产》改绘）

三、二里岗文化边缘地区的城址，同时也是铜锡等金属矿藏和食盐之类重要资源的分布区，"在资源丰富的地区建城也许是早期国家为控制和获得资源以保障中心都城而建立的供给网络中的重要部分"[345]，因而，它们可能兼具军事据点和区域性生产中心的功能。

四、尽管这些城址规模都很小，但大多仿效中原王朝都城，形成了以大型建筑区为中心的分布格局。

五、几乎所有二里岗文化的城址，都建立在二里头文化时期聚落的旧址上。对此，一般的解释是扩张领土、统御夏民。但这种现象究竟是王朝更替过程的反映，还是显现了二里头文化与二里岗文化所代表的集团发展中的某种连续性，还有待于进一步探究。

由大规模城邑的出现，以及对晋南和长江中游等地的扩张和据点建设，有学者认为商周王朝"战士国家"的特质，在这一时期就已显露无遗[346]。另有学者指出，"二里岗期商文化区中心周边的城址跟随着中心城址废弃的现象，说明了这些城址不具备政治上的相对独立性，它们是当时商王朝直接控制的地方政权的城邑，而不是间接控制的诸侯国（习惯上称商代的这些国家为"方国"）的城邑"[347]。甚至可以说，"商代晚期以安阳为中心的政体显示出商王室政治影响力复苏，但始终无法获得像二里岗时期那样的霸权地位"[348]。

二里头："大都无城"的肇始

公元前1700年前后，伴随着区域性文明中心的先后衰落，中国乃至东亚地区最早的具有明确城市规划的大型都邑——二里头出现于中原腹地的洛阳盆地。二里头文化与二里头都邑的出现，表明当时的社会由若干相互竞争的政治实体并存的局面，进入到广域王权国家阶段[349]。

二里头

1959年夏，著名古史学家徐旭生在率队调查"夏墟"的过程中踏查该遗址，随即发表了调查报告[350]。鉴于遗址出土物丰富、面积广大，且位于史籍记载的商都"西亳"所在地，徐旭生认为该遗址"为商汤都城的可能性很不小"，引起学术界的极大关注。当年秋季，河南省文化局文物工作队和中国科学院考古研究所（后隶属中国社会科学院）洛阳发掘队分别进行发掘，后来发掘工作由考古所独立承担。

1959～1960年，最初的试掘发现了从龙山文化晚期至"洛达庙类型商文化"（后被命名为"二里头类型文化"和"二里头文化"[351]）连续发展的层位关系，划分出早、中、晚三期遗存（相当于二里头文化一、二、三至四期）；通过发掘了解以陶器为中心的文化面貌，初步建立了遗址分期框架。推测遗址范围东西2～2.5公里，南北约1.5公里。1960年秋季钻探发现并确认大型夯土基址（1号宫殿基址）。

1961～1978年，主要发掘1号、2号宫殿基址。在此期间，钻探出夯土基址30余处；发掘出与铸铜、制陶有关的遗存和出土玉器、铜器等的贵族墓葬若干；确认了二里头文化第四期遗存的存在。1980～1997年，又发掘了铸铜作坊遗址，中小型房址，与祭祀、制骨、制陶有关的遗存和墓葬等。

遗址在发现之初、试掘之前，就因面积广大而被推定为"一大都会"，很可能是"商汤都城"[352]。但可以说直到面积达数千至1万平方米的1号、2号大型建筑基址被全面揭露，才从考古学上初步把握了它与都邑相称的遗存性质。

至1990年代后期，二里头遗址发掘和研究工作的重点集中于两个大的方面并取得了丰硕的成果。第一，长时间、大面积的发掘积累了丰富的资料，以陶器研究为中心建立起了可靠的文化分期框架，二里头文化一至四期的演变序列得到学术界的普遍认可。这是都城遗址研究的重要基础。第二，1号、2号宫殿基址，铸铜作坊遗址，中型墓葬等重要遗存的发掘，以及青铜礼器、玉器、漆器、白陶器、绿松石器、海贝等奢侈品或远程输入品的出土，都进一步显现了二里头遗址不同于一般聚落的都邑文化的重要内涵，确立了二里头遗址作为迄今可确认的中国最早的广域王权国家都城的重要学术地位。

1999年以来，为解决遗址的结构、布局问题，对遗址展开了全面的钻探与发掘。首先，搞清了遗址的现存范围，发现了作为遗址东界的沟状堆积。又通过大规模钻探，初步查明了宫殿区周围的道路分布状况。同时，在宫殿区展开了大规模的发掘，揭露出中轴线布局的、成组分布的大型夯土基址群，基本上搞清了东、西两个区域宫室建筑的布局及其演变过程。而后，从作为城市"骨架"的道路网络系统入手，在夯土基址群的外围发现了宫城，在宫城以南发现了作坊区的围垣，其内发现绿松石器作坊遗存等。

到目前为止，钻探发掘工作已历经半个多世纪，除"文革"期间中断了数年外，田野工作持续不断，累计发掘面积达4万余平方米，取得了重要成果。发现大面积的夯土建筑基址群和宫城城垣，以及纵横交错的道路遗迹；发掘了大型宫殿建筑基址数座，发现了大型围垣作坊区（含青铜冶铸作坊和绿松石器制造作坊），与制陶、

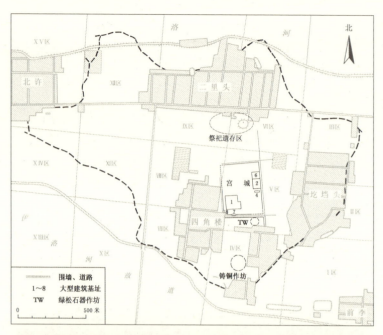

二里头遗址

制骨有关的遗迹若干处，与宗教祭祀有关的建筑遗迹若干处，以及中小型墓葬400余座，包括出土成组青铜礼器和玉器的墓葬。此外还发现并发掘了大量中小型房址、窖穴、水井、灰坑等。出土大量陶、石、骨、蚌、铜、玉、漆器和铸铜陶范等[353]。

新世纪以来的钻探与发掘结果表明，二里头遗址沿古伊洛河北岸呈西北—东南向分布，东西最长约2400米，南北最宽约1900米，北部被今洛河冲毁，现存面积约300万平方米，估计原聚落面积应在400万平方米左右。其中心区位于遗址东南部的微高地，分布着宫殿区和宫城（晚期）、祭祀区、围垣作坊区和若干贵族聚居区等重要遗存；西部地势略低，为一般性居住活动区，常见小型房址以及随葬品以陶器为主的小型墓葬[354]。

公元前1750年前后，二里头文化的居民开始在此营建大型聚落。二里头文化第一期时的聚落面积就超过了100万平方米，似乎已发展成伊洛地区乃至更大区域的中心。如此迅速的人口集中只能解释为来自周边地区的人口迁徙。这一时期的出土遗物包括不少贵族用器，如白陶、象牙和绿松石制品，此外还有青铜工具，但由于晚期遗存对该期堆积的严重破坏，聚落的布局尚不清楚。

二里头都邑从第二期开始（约公元前1700年或稍晚）进入全盛期，其城市规划的总体格局已基本完成。

中心区由宫殿区、围垣作坊区、祭祀活动区和若干贵族聚居区组成。宫殿区的面积不小于12万平方米，其外围有垂直相交的大道，晚期筑有宫城。大型宫殿建筑基址仅见于这一区域。贵族聚居区位于宫城周围。中小型夯土建筑基址和贵族墓葬主要发现于这些区域。其中宫城东北和宫城以北，是贵族墓葬最为集中的两个区

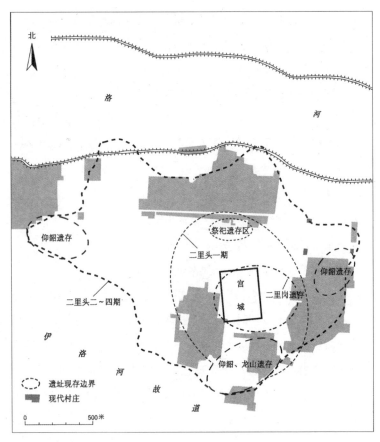

二里头遗址的聚落变迁

域。绿松石器制造作坊和铸铜作坊都位于宫殿区以南,目前已发现了可能把它们圈围起来的夯土墙。这一围垣作坊区应是二里头都邑的官营手工业区。祭祀活动区位于宫殿区以北和西北一带,东西连绵二三百米。这里集中分布着一些可能与宗教祭祀有关的建筑、墓葬和其他遗迹。

都邑主干道网位于宫殿区的外围。已发现的四条大路垂直相交，略呈"井"字形，显现出方正规矩的布局。保存最好的宫殿区东侧大路已知长度近700米。大路一般宽10余米，最宽处达20米。这几条大道的使用时间均较长，由二里头文化早期沿用至最晚期。这是迄今所知中国最早的城市道路网。

但在逾半世纪的田野工作中，却一直没有发现圈围起整个二里头都邑聚落的防御设施，仅知在边缘地带分布着不相连属的沟状遗迹，应具有区划的作用。

这一庞大的中心城市最终在二里岗文化晚期沦为一般聚落，遗存仅见小型房址、灰坑和墓葬等，它们叠压或打破了二里头文化的宫殿基址。此后，聚落彻底废毁[355]。

二里头都邑的中心区分布着宫城和大型宫殿建筑群，其外围有主干道网连接交通，同时分割出不同的功能区。制造贵族奢侈品的官营手工业作坊区位于宫殿区的近旁；祭祀区、贵族聚居区都拱卫在其周围。上述种种，无不显示出王都所特有的气派。由上述发现可知，二里头遗址是迄今可以确认的中国最早的具有明确规划的都邑。就目前的认识而言，二里头遗址的布局开中国古代都城规划制度的先河[356]。

从围垣到环壕

如果再往前追溯，在二里头都邑所处的中原腹地，公元前1900年前后河南新密新砦大邑的崛起，具有里程碑意义。新砦大邑走向兴盛时，其他龙山城邑已经衰落甚至废弃；至其全盛时，后者已全部退出历史舞台。可以说，新砦大型设防聚落的出现，给数

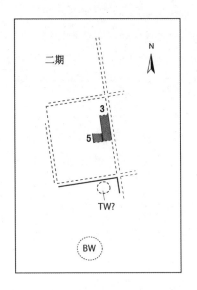
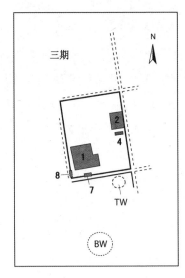
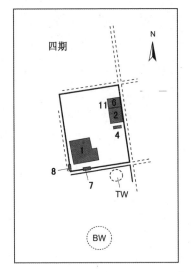

二里头中心区布局的演变过程

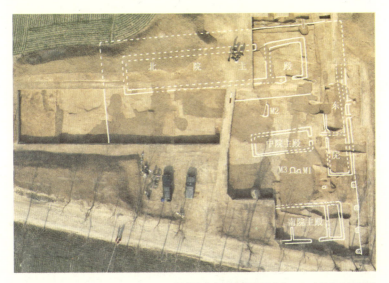

新发现的多进院落大型建筑——二里头5号基址

百年来中原地区城邑林立的争斗史画上了一个句号，表明较大范围内社会集团间的整合历程已拉开序幕。我们倾向于把新砦集团的崛起，作为二里头时代的开端[357]。

值得注意的是，二里头时代聚落形态上最大的变化，一是中心聚落面积的大幅度提升，由龙山时代的10余万至30余万平方米扩大到100万～300万平方米；二是基本摒弃了龙山时代普遍筑城的传统，代之而起的环壕，成为这一时代的主流防御设施。

新砦聚落的中心区约6万平方米的区域由环壕（内壕）圈围起来，其内分布有大型建筑等重要遗存。再外是70万平方米的"城墙"及其外的中壕围起的"城址"，外围又有100万平方米的外壕围起的空间[358]。与龙山时代的城邑相比，新砦大邑抛却了方正的城

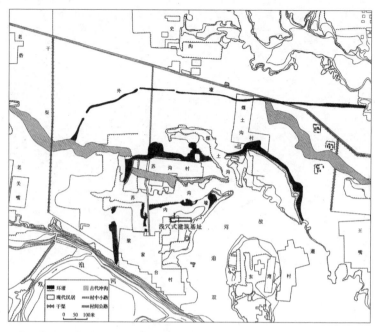

新砦环壕聚落（《考古》2009年第2期）

垣规制，而以并不规则的壕沟连通自然河道、冲沟形成防御体系，这构成了其较为鲜明的聚落形态上的特色。应指出的是，迄今为止，还没有证据表明新砦遗址有高出地面的城墙存在。中壕内侧的所谓城墙之有无尚无法遽断，从远远低于当时的地面、夯层多向外倾斜的情况看，这应是为防止环壕壁坍塌所实施的加固工程。就现有的材料看，当时的新砦遗址或为一处"台城"式的环壕聚落。

此外，这一时期的环壕聚落还有同属"新砦类遗存"的河南巩义花地嘴遗址，该聚落发现有内外两重（四条）壕沟，与伊洛河及其支流共同构成防御体系。稍晚，二里头文化时期的河南平

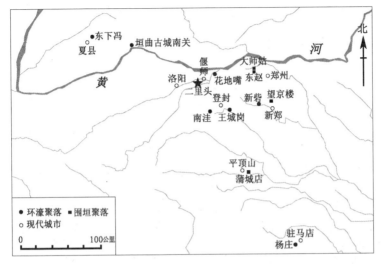

二里头时代的城邑分布（李宏飞制图）

顶山蒲城店、驻马店杨庄、荥阳大师姑、登封王城岗、登封南洼及山西夏县东下冯等遗址中都发现了环壕[359]。据梳理分析，这些设防聚落一改龙山时代城垣辅以宽壕（宽10米左右或以上）的传统，在聚落内部流行窄环壕（宽5米左右）以明确功能分区，聚落外围则流行宽环壕。"窄环壕实际上是聚落内部不同社会阶层居民之间的界限，因此并不需要沿袭龙山时代城墙和宽壕的组合作为防御设施……相对和平稳定的社会秩序或许是二里头时代居民多选择开挖环壕而少筑造城墙的原因"[360]。而这一阶段少量的城址，一般出现于军事前沿地区，如地处二里头文化东部边缘地带的荥阳大师姑城址、郑州东赵城址、新郑望京楼城址和地处南部边缘地带的平顶山蒲城店城址[361]。这些设防聚落的存在，或许正是构成了二里头都邑"大都无城"的保障。

可知，进入二里头时代，聚落内部社会层级间的区隔得到强化，与此同时，对外防御设施则相对弱化，这与龙山时代城址林立的状况形成鲜明的对比。从聚落形态的角度看，二里头都邑是"大都无城"的一个最早的典范。究其原因，不能不考虑到都邑内的居民。二里头可能是最早集聚了周边人口的中心城市，其人口由众多小规模的、彼此不相关联的血亲集团所组成[362]，这种特征又与其后的殷墟和西周时代的都邑颇为相近，已如前述。而广域王权国家则是从二里头时代至西周时代社会结构上的共性。以"大都无城"为主要特征的都邑聚落形态与早期王朝阶段社会结构上的关联性，值得进一步探究。

余论：晚出的大中轴线

二里头至西周时代的绝大部分时间里，都邑规划的总体指导思想，是因地制宜，不求方正，实际布局则是以"大都无城"为主流。可以理解的是，如果不是城郭兼备而且内城外郭，则全城中轴线基本上无从谈起。有学者认为二里头都邑"手工业区（工城）、宫殿区（宫城）、祭祀区，南北一线构成遗址的主体文化带"，属于"中轴线现象"[363]，可备一说。在符合城郭兼备、内城外郭条件的商王朝二里岗期和春秋时期，扩建前的偃师城和春秋鲁都，可能略具全城中轴规划的意匠。但由于考古发现的局限，宫城与郭城城门是否大致对应，还难以廓清，所以类似的例子，只能看作中轴线规划的雏形而已。

如果论单体建筑之中轴，可以认为仰韶时代既已萌芽，如甘肃秦安大地湾大型房址F901，已略具中轴对称的格局，被称为"原始殿堂"[364]；宫室建筑群之中轴，迄今可以确认的例子是二里头宫城的两组大型建筑基址；而真正意义上的全城中轴线的出现，已如前述，则要晚到曹魏邺城和魏晋洛阳城了。

另外，这类"类中轴线布局"也并未成为当时都邑布局的主流。商王朝二里岗期不必说，东周时期的主体建筑虽已多有按中轴线布置的意向，但大多还是着眼于宫殿区局部，如邯郸赵王城以龙台为核心的宫殿区中轴线布局、燕下都以武阳台为中心的宫殿中轴规划等，对于宫殿区以外的建筑并无严格的规划和安排。秦汉都城仍沿袭东周以来城市建设因地制宜的传统，也未形成如后世那样具有明确中轴线的、方正规整的布局模式。如前所述，秦咸阳总体布局不清，长安城城垣筑于长乐、未央二宫建成之后，缺乏事先统一的规划和安排。东汉洛阳城的规划性稍强，南垣的平城门与南宫相

邯郸城宫城的中轴线——赵王城全景（《赵都邯郸城研究》）

连，已成为全城最重要的城门。但新建之北宫与南宫占据城内大部，位置略有参差，就全城而言，中轴线的规划思想也并不鲜明。

要之，全城大中轴线，只能是"后大都无城"时代的产物。与此相应的是，旨在强化对都市居民统一管理的严格意义上的里坊制，也大体与城郭兼备、内城外郭、具有全城大中轴线的都邑格局同步出现。

[注　释]

1　刘庆柱：《中国古代都城考古学史述论》，《考古学集刊》第16集，科学出版社，2006年。

2　刘庆柱：《秦咸阳城遗址考古发现的回顾及其研究的再思考》，《里耶古城·秦简与秦文化研究》，科学出版社，2009年。

3　杜正胜：《周秦城市——中国第二次"城市革命"》，《古代社会与国家》第722页，允晨文化实业股份有限公司（台北），1992年。

4　张光直：《关于中国初期"城市"这个概念》，《文物》1978年第2期。

5　有关二人的学术观点，可参阅下列论著。杨宽：《西汉长安布局结构的探讨》，《文博》1984年创刊号。刘庆柱：《汉长安城布局结构辨析——与杨宽先生商榷》，《考古》1987年第10期。杨宽：《西汉长安布局结构的再探讨》，《考古》1989年第4期。刘庆柱：《再论汉长安城布局结构及其相关问题——答杨宽先生》，《考古》1992年第7期。杨宽：《三论西汉长安的布局结构问题》，《中国古代都城制度史研究》附录，上海古籍出版社，1993年。

6　俞伟超：《中国古代都城规划的发展阶段性》，《文物》1985年第2期。

7　徐苹芳：《中国古代城市考古与古史研究》，《中国历史考古学论丛》，允晨文化实业股份有限公司（台北），1995年。

8　杨宽：《中国古代都城制度史研究》，上海古籍出版社，1993年。

9　刘庆柱：《中国古代都城遗址布局形制的考古发现所反映的社会形态变化研究》，《考古学报》2006年第3期。

10　彭邦炯：《卜辞"作邑"蠡测》，《甲骨探史录》，生活·读书·新知三联书店，1982年。冯时：《夏社考》，《21世纪中国考古学与世界考古学》，中国社会科学出版社，2002年。

11　冯时：《"文邑"考》，《考古学报》2008年第3期。冯时：《"亳中邑"考》，《"出土文献与中国古代文明"国际学术研讨会论文》，北京，2013年。

12　冯时：《"文邑"考》，《考古学报》2008年第3期。

13　徐光冀：《曹魏邺城的平面复原研究》，《中国考古学论丛》，科学出版社，1993年。

14　宿白：《北魏洛阳城和北邙陵墓》，《文物》1978年第7期。段鹏琦：《汉魏洛阳城的几个问题》，《中国考古学研究》，文物出版社，1986年。

15　宿白：《隋唐长安城与洛阳城》，《考古》1978年第6期。马得志：《唐代长安与洛阳》，《考古》1982年第6期。徐苹芳：《唐代两京的政治、经济和文化生活》，《考古》1982年第6期。

16　丘刚：《北宋东京三城的营建和发展》，《中原文物》1990年第4期。

17　徐苹芳：《元大都在中国古代都城史上的地位》，《北京社会科学》1988年第1期。

18　徐苹芳：《古代北京的城市规划》，《环境变迁研究》第一辑，海洋出版社，1984年。

19　刘庆柱等：《汉长安城》，文物出版社，2003年。中国社会科学院考古研究所：《中国考古学·秦汉卷》，中国社会科学出版社，2010年。

20　董鸿闻等：《汉长安城遗址测绘研究获得的新信息》，《考古与文物》2000年第5期。

21　黄展岳：《汉长安城的发掘》，《新中国的考古发现和研究》，文物出版社，1984年。

22　刘瑞：《汉长安城的朝向、轴线与南郊礼制建筑》第253页，中国社会科学出版社，2011年。

23　杨宽：《西汉长安布局结构的探讨》，《文博》1984年创刊号。杨宽：《中国古代都城制度史研究》第573-574页，上海古籍出版社，1993年。

24　刘庆柱：《汉长安城布局结构辨析——与杨宽先生商榷》，《考古》1987年第10期。

25　杨宽：《中国古代都城制度史研究》第575页，上海古籍出版社，1993年。

26	刘庆柱：《中国古代都城考古学研究的几个问题》，《考古》2000 年第 7 期。
27	杨宽：《西汉长安布局结构的探讨》，《文博》1984 年创刊号。杨宽：《中国古代都城制度史研究》第 577 页，上海古籍出版社，1993 年。
28	杨宽：《西汉长安布局结构的探讨》，《文博》1984 年创刊号。
29	杨宽：《西汉长安布局结构的探讨》，《文博》1984 年创刊号。
30	刘庆柱：《再论汉长安城布局结构及其相关问题——答杨宽先生》，《考古》1992 年第 7 期。
31	刘瑞：《汉长安城的朝向、轴线与南郊礼制建筑》第 253 页，中国社会科学出版社，2011 年。
32	刘运勇：《再论西汉长安布局及形成原因》，《考古》1992 年第 7 期。
33	呼林贵：《汉长安城东南郊》，《文博》1986 年第 2 期。
34	国家文物局编：《中国文物地图集·陕西分册》第 49、53、58 页，西安地图出版社，2001 年。
35	刘庆柱：《汉长安城布局结构辨析——与杨宽先生商榷》，《考古》1987 年第 10 期。
36	刘瑞：《汉长安城的闾里问题》，《汉长安城的朝向、轴线与南郊礼制建筑》附录一，中国社会科学出版社，2011 年。
37	王子今：《西汉长安居民的生存空间》，《人文杂志》2007 年第 2 期。
38	这些学者的学术观点，可参阅下列论著。阎文儒：《金中都》，《文物》1959 年第 9 期。佐藤武敏：《漢代長安の市》，《中国古代史研究》2，吉川弘文館（东京），1965 年。马先醒：《汉简与汉代城市》，简牍社（台北），1976 年。陈直：《三辅黄图校证》，陕西人民出版社，1980 年。杨宽：《西汉长安布局结构的探讨》，《文博》1984 年创刊号。杨宽：《中国古代都城制度史研究》，上海古籍出版社，1993 年。佐原康夫：《漢代の市について》，《史林》（京都）第 68 卷 5 号，1985 年。孟凡人：《汉长安城形制布局中的几个问题》，《汉唐与边疆考古研究》第一辑，科学出版社，1994 年。
39	王仲殊：《汉代考古学概说》第 8 页，中华书局，1984 年。
40	许宏：《先秦城市考古学研究》第 131 页，北京燕山出版社，2000 年。

41　刘庆柱：《汉长安城的考古发现及相关问题研究》,《考古》1996年第10期。

42　刘庆柱等：《汉长安城》第164-165页，文物出版社，2003年。

43　杨宽：《中国古代都城制度史研究》第605页，上海古籍出版社，1993年。

44　杨宽：《中国古代都城制度史研究》第605-606页，上海古籍出版社，1993年。

45　杨宽：《西汉长安布局结构的探讨》,《文博》1984年创刊号。

46　杨宽：《中国古代都城制度史研究》第584页，上海古籍出版社，1993年。

47　刘庆柱：《再论汉长安城布局结构及其相关问题——答杨宽先生》,《考古》1992年第7期。

48　刘庆柱：《汉长安城布局结构辨析——与杨宽先生商榷》,《考古》1987年第10期。

49　刘庆柱、李毓芳：《汉长安城的宫城和市里布局形制述论》,《考古学研究》,三秦出版社，1993年。

50　杨宽：《西汉长安布局结构的探讨》,《文博》1984年创刊号。

51　杨宽：《中国古代都城制度史研究》第600页，上海古籍出版社，1993年。

52　杨宽：《中国古代都城制度史研究》第589页，上海古籍出版社，1993年。

53　刘庆柱：《汉长安城的考古发现及相关问题研究》,《考古》1996年第10期。

54　这些学者的学术观点，可参阅下列论著。史念海：《汉代长安城的营建规模》,《中国历史地理论丛》1998年第2辑。徐为民：《论秦西汉都城的面向——兼与杨宽先生商榷》,《秦文化论丛》(六),西北大学出版社，1998年。周长山：《汉代城市研究》第80页，人民出版社，2001年。王社教：《论汉长安城形制布局中的几个问题》,《中国历史地理论丛》1999年第2辑。刘运勇：《西汉长安》第35页，中华书局，1982年。贺业钜：《论长安城市规划》,《建筑历史研究》,中国建筑工业出版社，1992年。孟凡人：《汉长安城形制布局中的几个问题》,《汉唐与边疆考古研究》第一辑，科学出版社，1994年。韩国河等：《试论秦汉都城规划模式的基本形成》,《纪念陈直先生文集》,西北大学出版社，1992年。杨东晨：《论汉都长安城对秦都咸阳的继承和发展》,《陕西历史博物馆馆刊》(六),陕西人民出版社，1999年。

55　刘瑞：《汉长安城的朝向、轴线与南郊礼制建筑》第2-45页，中国社会科学出版社，2011年。

56　刘庆柱等：《西汉十一陵》，陕西人民出版社，1987年。

57　中国社会科学院考古研究所：《汉长安城未央宫：1980～1989年考古发掘报告》结语，中国大百科全书出版社，1996年。

58　刘庆柱等：《汉长安城》第109页，文物出版社，2003年。

59　刘庆柱：《汉长安城的考古发现及相关问题研究》，《考古》1996年第10期。

60　刘瑞：《汉长安城的朝向、轴线与南郊礼制建筑》第49-53页，中国社会科学出版社，2011年。

61　杨宽：《西汉长安布局结构的探讨》，《文博》1984年创刊号。

62　刘庆柱：《汉长安城布局结构辨析——与杨宽先生商榷》，《考古》1987年第10期。

63　刘瑞：《汉长安城的朝向、轴线与南郊礼制建筑》第64-65页，中国社会科学出版社，2011年。

64　杨宽：《西汉长安布局结构的探讨》，《文博》1984年创刊号。

65　韩国河等：《论秦汉都城规划基本模式的形成》，《陈直先生纪念文集》，西北大学出版社，1992年。

66　梁云：《战国都城形态的东西差别》，《中国历史地理论丛》2006年第4辑。

67　王子今：《秦献公都栎阳说质疑》，《考古与文物》1982年第5期；《栎阳非秦都辨》，《考古与文物》1990年第3期。

68　阿房宫与上林苑考古队：《西安秦汉栎阳城考古新发现确定战国栎阳城位置并发现汉唐白渠》，《中国文物报》2015年9月11日。

69　王学理：《咸阳帝都记》第123-173页，三秦出版社，1999年。陕西省考古研究所：《秦都咸阳考古报告》第9-12页，科学出版社，2004年。

70　陈国英：《秦都咸阳考古工作三十年》，《考古与文物》1988年第5、6期合刊。刘庆柱：《论秦咸阳城布局形制及其相关问题》，《文博》1990年第5期。

71　杨宽：《中国古代都城制度史研究》第588、108页，上海古籍出版社，1993年。王学理：《秦都咸阳》第72页，陕西人民出版社，1985年。

72　杨宽：《中国古代都城制度史研究》第588、108页，上海古籍出版社，1993年。

73　王学理:《秦都咸阳》第72页,陕西人民出版社,1985年。

74　王学理:《咸阳帝都记》第126-129页,三秦出版社,1999年。

75　武伯纶:《西安历史述略》第88页,陕西人民出版社,1979年。杨宽:《西汉长安布局结构的探讨》,《文博》1984年创刊号。王丕忠:《秦咸阳宫位置的推测及其他问题》,《中国史研究》1982年第4期。

76　刘庆柱:《秦都咸阳几个问题的初探》,《文物》1976年第11期。刘庆柱:《论秦咸阳城布局形制及其相关问题》,《文博》1990年第5期。

77　孙德润:《秦都咸阳故城形制》,《泾渭稽古》1995年第1期。

78　王学理:《秦都咸阳》第206页,陕西人民出版社,1985年。王学理:《咸阳帝都记》第127、129页,三秦出版社,1999年。

79　韩国河等:《论秦汉都城规划基本模式的形成》,《陈直先生纪念文集》,西北大学出版社,1992年。李令福:《秦都咸阳若干问题的探索》,《中国历史地理论丛》1998年增刊。徐卫民:《秦都城研究》第145-149页,陕西人民教育出版社,2000年。韩建华:《秦咸阳城郭形态的再探讨》,《文博》2002年第4期。

80　梁云:《"汉承秦制"的考古学观察》,《远望集》,陕西人民出版社,1998年。

81　王仲殊:《汉代考古学概说》第17-21页,中华书局,1984年。

82　杨宽:《中国古代都城制度史研究》第138页,上海古籍出版社,1993年。

83　王仲殊:《汉代考古学概说》第21页,中华书局,1984年。

84　杨宽:《中国古代都城制度史研究》第600-601页,上海古籍出版社,1993年。

85　刘庆柱:《汉长安城布局结构辨析——与杨宽先生商榷》,《考古》1987年第10期。

86　中国社会科学院考古研究所:《中国考古学·秦汉卷》第236-237页,中国社会科学出版社,2010年。中国社会科学院考古研究所:《汉魏洛阳故城南郊礼制建筑遗址——1962～1992年考古发掘报告》,文物出版社,2010年。

87　徐苹芳:《中国古代城市考古与古史研究》,《中国历史考古学论丛》,允晨文化实业股份有限公司(台北),1995年。

88　杨宽:《中国古代都城制度史研究》序言,上海古籍出版社,1993年。

89　刘庆柱:《中国古代都城遗址布局形制的考古发现所反映的社会形态变化研

究》,《考古学报》2006 年第 3 期。

90 马良民:《试论战国都城的变化》,《山东大学学报(哲学社会科学版)》1988 年第 3 期。

91 驹井和爱:《曲阜鲁城の遺跡》,《考古学研究》第二册,1951 年。

92 山东省文物考古研究所等:《曲阜鲁国故城》,齐鲁书社,1982 年。

93 许宏:《曲阜鲁国故城之再研究》,《先秦城市考古学研究》附录,北京燕山出版社,2000 年。

94 高明奎等:《曲阜市鲁故城南东门遗址》,《中国考古学年鉴(2013)》,文物出版社,2014 年。

95 山东省文物考古研究所等:《曲阜鲁国故城》第 4-7 页,齐鲁书社,1982 年。

96 曲英杰:《先秦都城复原研究》第 276-281 页,黑龙江人民出版社,1991 年。

97 刘延常等:《曲阜市鲁故城周公庙建筑群基址考古勘探》《曲阜市鲁故城周公庙建筑群基址》,《中国考古学年鉴(2013)》,文物出版社,2014 年。

98 杨伯峻:《春秋左传注(修订本)》第 842、1555 页,中华书局,2009 年。

99 李济:《城子崖·叙二》,《城子崖:山东历城县龙山镇之黑陶文化遗址》,中央研究院历史语言研究所,1934 年。王献唐:《临淄封泥文字叙目》,山东省立图书馆,1936 年。関野雄:《齊都臨淄の調查》,《考古学雑誌》第 32 卷 11 号,1942 年。

100 山东省文物管理处:《山东临淄齐故城试掘简报》,《考古》1961 年第 6 期。群力:《临淄齐国故城勘探纪要》,《文物》1972 年第 5 期。

101 山东省文物考古研究所:《临淄齐故城》,文物出版社,2013 年。山东省文物考古研究所:《临淄齐墓(第一集)》,文物出版社,2007 年。

102 山东省文物考古研究所:《临淄齐故城》第 533、541 页,文物出版社,2013 年。

103 马良民:《试论战国都城的变化》,《山东大学学报(哲学社会科学版)》1988 年第 3 期。曲英杰:《先秦都城复原研究》第 237-238 页,黑龙江人民出版社,1991 年。

104 河南省博物馆新郑工作站等:《河南新郑郑韩故城的钻探和试掘》,《文物资料论丛》(3),1980 年。马世之:《郑韩故城》,中州书画社,1981 年。

105 王幼侨辑录：《新郑古器发见记》一卷，附录一卷，开封河南教育厅，1924年。河南博物院等：《新郑郑公大墓青铜器》，大象出版社，2001年。

106 河南省博物馆新郑工作站等：《河南新郑郑韩故城的钻探和试掘》，《文物资料丛刊》(3)，文物出版社，1980年。

107 马世之：《郑韩故城》，中州书画社，1981年。蔡全法：《郑韩故城的发现与研究》，《华夏都城之源》，河南人民出版社，2012年。

108 河南省文物考古研究所：《新郑郑国祭祀遗址》，大象出版社，2006年。

109 杨宽：《中国古代都城制度史研究》第72页，上海古籍出版社，1993年。

110 史念海：《郑韩故城溯源》，《燕京学报》新七期，北京大学出版社，1999年。

111 马俊才：《郑、韩两都平面布局初论》，《中国历史地理论丛》1999年第2辑。

112 张学海：《田齐六陵考》，《文物》1984年第9期。山东省文物考古研究所：《临淄齐墓（第一集）》，文物出版社，2007年。

113 梁云：《战国时代的东西差别——考古学的视野》第184页，文物出版社，2008年。

114 山东省文物考古研究所：《临淄齐故城》第65-87页，文物出版社，2013年。

115 徐团辉：《战国都城防御的考古学观察》，《中原文物》2015年第2期。

116 段宏振：《赵都邯郸城研究》第86页，文物出版社，2009年。

117 驹井和爱等：《邯郸——戰國時代趙都城址の發掘》，東亞考古學會，1954年。

118 河北省文物管理处：《河北省三十年来的考古工作》，《文物考古工作三十年（1949～1979）》，文物出版社，1979年。

119 邯郸市文物保管所：《河北邯郸市区古遗址调查简报》，《考古》1980年第2期。河北省文物管理处等：《赵都邯郸故城调查报告》，《考古学集刊》第4集，1984年。

120 侯仁之：《邯郸城址的演变和城市兴衰的地理背景》，《历史地理学的理论与实践》，上海人民出版社，1979年。杨宽：《中国古代都城制度史研究》第93-94页，上海古籍出版社，1993年。

121 罗平：《对赵王城内外建筑布局的探讨》，《文物春秋》1996年第2期。段宏振：《赵都邯郸城研究》第109-110页，文物出版社，2009年。

122 河北省文管处等:《河北邯郸赵王陵》,《考古》1982年第6期。段宏振:《赵都邯郸城研究》第128-148页,文物出版社,2009年。

123 赵树文等:《赵都考古探索》第128-132页,当代中国出版社,1993年。

124 山东省文物考古研究所等:《曲阜鲁国故城》第214、216页,齐鲁书社,1982年。

125 许宏:《曲阜鲁国故城之再研究》,《先秦城市考古学研究》附录,北京燕山出版社,2000年。

126 山东省文物考古研究所等:《曲阜鲁国故城》第191-194页,齐鲁书社,1982年。

127 山东省文物考古研究所等:《曲阜鲁国故城》第15页,齐鲁书社,1982年。

128 马俊才:《郑、韩两都平面布局初论》,《中国历史地理论丛》1999年第2辑。

129 马世之:《郑韩故城》,中州书画社,1981年。李宏:《新郑韩故城考古概述》,《新郑郑公大墓青铜器》,大象出版社,2001年。马俊才:《郑韩故城近年来的重要考古发现》,《楚文化研究论集》第六集,湖北教育出版社,2005年。

130 新郑市文物管理局:《新郑市文物志》第94-101页,中国文史出版社,2005年。河南省文物考古研究所:《河南新郑胡庄韩王陵考古发现概述》,《华夏考古》2009年第3期。

131 李学勤:《东周与秦代文明》第88页,文物出版社,1984年。

132 傅振伦:《燕下都发掘报告》,《国学季刊》第3卷1期,1932年。

133 中国历史博物馆考古组:《燕下都城址调查报告》,《考古》1962年第1期。河北省文化局文物工作队:《河北易县燕下都故城勘察和试掘》,《考古学报》1965年第1期。

134 河北省文物研究所:《燕下都》,文物出版社,1996年。石永士:《燕下都抢救清理1号人头骨丛葬遗迹》,《中国文物报》1996年2月4日。

135 李学勤:《东周与秦代文明》第88页,文物出版社,1984年。

136 瓯燕:《试论燕下都城址的年代》,《考古》1988年第7期。

137 石永士:《姬燕国号的由来及其都城的变迁》,《北京建城3040年暨燕文明国际学术研讨会会议专辑》,北京燕山出版社,1997年。

138 许宏：《燕下都营建过程的考古学考察》，《考古》1999年第4期。

139 中国科学院考古研究所洛阳发掘队：《洛阳涧滨东周城址发掘报告》，《考古学报》1959年第2期。中国社会科学院考古研究所：《洛阳发掘报告（1955～1960年洛阳涧滨考古发掘资料）》第122-124页，北京燕山出版社，1989年。

140 徐昭峰：《试论东周王城的城郭布局及其演变》，《考古》2011年第5期。

141 中国社会科学院考古研究所：《洛阳发掘报告（1955～1960年洛阳涧滨考古发掘资料）》第120页，北京燕山出版社，1989年。

142 叶万松等：《洛阳市东周王城城墙遗迹》，《中国考古学年鉴（1987）》，文物出版社，1988年。

143 曹岳森：《洛阳东周王城新发现的一点思考——兼及城址考古中的环境信息分析》，《中国古都研究》第十九辑，四川大学出版社，2004年。

144 郑州大学历史学院等：《洛阳东周王城东城墙遗址2004年度发掘简报》，《文物》2008年第8期。徐昭峰：《试论东周王城的城郭布局及其演变》，《考古》2011年第5期。洛阳市文物工作队：《历程——洛阳市文物工作队三十年》第47-49页，文物出版社，2011年。

145 徐昭峰：《试论东周王城的城郭布局及其演变》，《考古》2011年第5期。

146 巫鸿著，许宏译：《战国城市研究中的方法问题》，《礼仪中的美术——巫鸿中国古代美术史文编》，生活·读书·新知三联书店，2005年。

147 洛阳博物馆：《洛阳战国粮仓试掘纪略》，《文物》1981年第11期。

148 洛阳市文物工作队：《洛阳瞿家屯发掘报告》，文物出版社，2010年。

149 徐昭峰等：《洛阳瞿家屯东周大型夯土建筑基址的初步研究》，《文物》2007年第9期。

150 潘付生等：《洛阳瞿家屯大型夯土基址的性质分析》，《中国文物报》2006年3月31日。

151 中国社会科学院考古研究所：《洛阳发掘报告（1955～1960年洛阳涧滨考古发掘资料）》第107-138页，北京燕山出版社，1989年。河南省文物考古研究所：《河南考古四十年》第228、230页，河南人民出版社，1994年。

152 中国科学院考古研究所：《洛阳中州路（西工段）》，科学出版社，1959年。

153 李德方：《东周王陵分区考辨》，《中原文物》特刊，1987年。吴迪等：《东周王城内外大墓与东周王陵》，《中国古都研究》第二十三辑，三秦出版社，2008年。

154 潘付生等：《洛阳西周君陵墓位置探析》，《中原文物》2011年第6期。徐昭峰：《西周君陵区考辨》，《华夏考古》2012年第3期。

155 中国社会科学院考古研究所洛阳汉魏城队：《汉魏洛阳城城垣试掘》，《考古学报》1998年第3期。

156 中国社会科学院考古研究所二里头工作队：《河南洛阳盆地2001～2003年考古调查简报》，《考古》2005年第5期。

157 黄明兰：《洛阳历代皇陵》，《中原文物》特刊，1987年。李德方：《东周王陵分区考辨》，《中原文物》特刊，1987年。

158 李学勤：《东周与秦代文明》第24-30页，文物出版社，1984年。

159 也有楚武王迁郢之说。石泉：《楚都何时迁郢》，《古代荆楚地理新探》第352、353页，武汉大学出版社，1988年。

160 湖北省博物馆：《楚都纪南城的勘查与发掘》，《考古学报》1982年第3、4期。

161 郭德维：《楚都纪南城复原研究》，文物出版社，1999年。谭维四：《楚都纪南城考古记》，《荆州重要考古发现》，文物出版社，2009年。

162 郭德维：《楚系墓葬研究》，湖北教育出版社，1995年。

163 湖北省博物馆：《楚都纪南城的勘查与发掘》，《考古学报》1982年第3、4期。

164 湖北省文物考古研究所：《荆州纪南城烽火台遗址及其西侧城垣试掘简报》，《江汉考古》2014年第2期。

165 梁云：《战国时代的东西差别——考古学的视野》第178-179页，文物出版社，2008年。

166 王光镐：《楚文化源流新证》第440-449、456页，武汉大学出版社，1988年。

167 尹弘兵：《纪南城与楚郢都》，《考古》2010年第9期。

168 韩国河等：《试论秦汉都城规划模式的基本形成》，《纪念陈直先生文集》，西北大学出版社，1992年。

169 徐炳昶等：《陕西调查古迹报告》，《国立北平研究院院务汇报》第4卷6期，1933年。

170 陕西省考古研究院秦汉研究部：《陕西秦汉考古工作五十年综述》，《考古与文物》2008年第6期。田亚岐：《秦雍城考古工作回顾与展望》，《秦始皇帝陵博物院院刊》总第贰辑，三秦出版社，2012年。陕西省考古研究院等：《秦雍城豆腐村战国制陶作坊遗址》，科学出版社，2013年。

171 陕西省雍城考古队：《秦都雍城钻探试掘简报》，《考古与文物》1985年第2期。

172 田亚岐：《秦雍城城内道路系统考古工作》，《2011中国重要考古发现》，文物出版社，2012年。

173 田亚岐：《秦都雍城布局研究》，《考古与文物》2013年第5期。

174 梁云：《战国时代的东西差别——考古学的视野》第200页，文物出版社，2008年。

175 中国社会科学院考古研究所：《洛阳发掘报告（1955～1960年洛阳涧滨考古发掘资料）》第113、124页，北京燕山出版社，1989年。

176 徐昭峰：《成周与王城考略》，《考古》2007年第11期。

177 周永珍：《关于洛阳周城》，《洛阳考古四十年》，科学出版社，1996年。

178 郑州大学历史学院等：《洛阳东周王城东城墙遗址2004年度发掘简报》，《文物》2008年第8期。徐昭峰：《试论东周王城的城郭布局及其演变》，《考古》2011年第5期。

179 徐昭峰：《成周与王城考略》，《考古》2007年第11期。

180 中国科学院考古研究所洛阳发掘队：《洛阳涧滨东周城址发掘报告》，《考古学报》1959年第2期。中国社会科学院考古研究所：《新中国的考古发现和研究》第271页，文物出版社，1984年。

181 洛阳市文物工作队：《洛阳瞿家屯发掘报告》第214页，文物出版社，2010年。

182 徐昭峰：《试论东周王城的城郭布局及其演变》，《考古》2011年第5期。

183 洛阳市文物工作队：《洛阳王城广场东周墓》第518-519页，文物出版社，2009年。

184 顾铁符：《晋南——文物的宝库》，《文物参考资料》1956年第10期。

185　山西省考古研究所侯马工作站:《新田晋都古城》,《晋都新田》,山西人民出版社,1996年。

186　田建文:《"新田模式"——侯马晋国都城遗址研究》,《山西省考古学会论文集》(二),山西人民出版社,1994年。

187　山西省考古研究所:《侯马铸铜遗址》,文物出版社,1993年。

188　山西省文物工作委员会:《侯马盟书》,文物出版社,1976年。

189　山西省考古研究所:《上马墓地》,文物出版社,1994年。山西省考古研究所侯马工作站:《新绛柳泉墓地调查、发掘报告》,《晋都新田》,山西人民出版社,1996年。

190　这些发现,可参阅下列简报。山西省考古研究所:《侯马北坞古城勘探发掘简报》,《三晋考古》第一辑,山西人民出版社,1994年。山西省考古研究所侯马工作站:《侯马呈王路建筑群遗址发掘简报》,《考古》1987年第12期。山西省考古研究所侯马工作站:《山西侯马晋国遗址牛村古城的试掘》,《考古与文物》1988年第1期。山西省考古研究所侯马工作站:《山西侯马呈王古城》,《文物》1988年第3期。

191　山西省考古研究所侯马工作站:《晋都新田》第1-22页,山西人民出版社,1996年。

192　王金平:《侯马市北郭马古城》,《中国考古学年鉴(2001)》,文物出版社,2002年。

193　北京大学历史系考古教研室商周组:《商周考古》第242页,文物出版社,1979年。

194　田建文:《"新田模式"——侯马晋国都城遗址研究》,《山西省考古学会论文集》(二),山西人民出版社,1994年。

195　山西省考古研究所侯马工作站:《侯马呈王路建筑群遗址发掘简报》,《考古》1987年第12期。

196　山西省考古研究所侯马工作站:《山西侯马牛村古城晋国祭祀建筑遗址》,《考古》1988年第10期。

197　山西省考古研究所:《侯马铸铜遗址》,文物出版社,1993年。

198 山西省考古研究所侯马工作站：《侯马排葬墓发掘报告》，《晋都新田》，山西人民出版社，1996年。

199 梁云：《战国时代的东西差别——考古学的视野》第154-156页，文物出版社，2008年。

200 田建文：《"新田模式"——侯马晋国都城遗址研究》，《山西省考古学会论文集》（二），山西人民出版社，1994年。

201 俞伟超：《中国古代都城规划的发展阶段性》，《文物》1985年第2期。

202 湖北省博物馆：《楚都纪南城的勘查与发掘》，《考古学报》1982年第3、4期。

203 俞伟超：《关于楚文化发展的新探索》，《江汉考古》1980年第1期。

204 梁云：《战国时代的东西差别——考古学的视野》第174-179页，文物出版社，2008年。

205 田亚岐：《秦都雍城布局研究》，《考古与文物》2013年第5期。

206 田亚岐：《秦雍城城址东区考古调查取得重要收获》，《2012中国重要考古发现》，文物出版社，2013年。

207 陕西省雍城考古队：《凤翔马家庄一号建筑群遗址发掘简报》，《文物》1985年第2期。尚志儒等：《〈凤翔马家庄一号建筑群遗址发掘简报〉补正》，《文博》1986年第1期。

208 韩伟：《马家庄秦宗庙建筑制度研究》，《文物》1985年第2期。徐杨杰：《马家庄秦宗庙遗址的文献学意义》，《文博》1990年第5期。滕铭予：《秦雍城马家庄宗庙遗址祭祀遗存的再探讨》，《华夏考古》2003年第3期。

209 凤翔县文化馆等：《凤翔先秦宫殿试掘及其铜质建筑构件》，《考古》1976年第2期。陕西省雍城考古队：《陕西凤翔春秋秦国凌阴遗址发掘简报》，《文物》1978年第3期。

210 陕西省雍城考古队：《凤翔秦公陵园钻探与试掘简报》，《文物》1983年第7期。陕西省雍城考古队：《凤翔秦公陵园第二次钻探简报》，《文物》1987年第5期。田亚岐等：《雍城秦公陵园2009年考古勘探新发现》，《2009中国重要考古发现》，文物出版社，2010年。

211 宝鸡先秦陵园博物馆：《雍城秦公一号大墓》，作家出版社，2010年。

212　史念海：《周原的变迁》，《陕西师范大学学报（社科版）》1976年第3期。

213　徐天进：《西周王朝的发祥之地——周原——周原考古综述》，《考古学研究》（五），科学出版社，2003年。

214　学者们的不同观点，可参阅下列论著。李学勤：《青铜器与周原遗址》，《西北大学学报（哲学社会科学版）》1981年第2期。朱凤瀚：《从周原出土青铜器看西周贵族家族》，《南开学报（哲学社会科学版）》1988年第4期。曹玮：《周原的非姬姓家族与虢氏家族》，《陕西历史博物馆馆刊》第7辑，三秦出版社，2000年。尹盛平：《周原文化与西周文明》，江苏教育出版社，2005年。

215　石璋如：《传说中周都的实地考察》，《中央研究院历史语言研究所集刊》第20本下册，1948年。

216　陈全方：《周原与周文化》，上海人民出版社，1988年。尹盛平：《周原文化与西周文明》，江苏教育出版社，2005年。陈全方等：《周原》，文物出版社，2007年。

217　徐天进：《西周王朝的发祥之地——周原——周原考古综述》，《考古学研究》（五），科学出版社，2003年。

218　陕西省考古研究院：《2013年陕西省考古研究院考古发掘调查新收获》，《考古与文物》2014年第2期。雷兴山等：《周原遗址商周时期聚落新识》，《大宗维翰：周原青铜器特展》，文物出版社，2014年。

219　陈全方：《周原与周文化》，上海人民出版社，1988年。

220　周原考古队：《周原遗址凤雏三号基址2014年发掘简报》，《中国国家博物馆馆刊》2015年第7期。曹大志等：《凤雏三号基址初步研究》，《中国国家博物馆馆刊》2015年第7期。

221　陕西省考古研究院：《2013年陕西省考古研究院考古发掘调查新收获》，《考古与文物》2014年第2期。

222　马赛：《周原遗址西周时期人群构成情况研究——以墓葬材料为中心》，《古代文明》第8卷，文物出版社，2010年。

223　雷兴山：《论周原遗址西周时期手工业者的居与葬——兼谈特殊器物在聚落结构研究中的作用》，《华夏考古》2009年第4期。

224 学者们的不同观点,可参阅下列简报和论著。陕西周原考古队:《陕西岐山凤雏村西周建筑基址发掘简报》,《文物》1979年第10期。王恩田:《岐山凤雏村西周建筑群基址的有关问题》,《文物》1981年第1期。尹盛平:《周原西周宫室制度初探》,《文物》1981年第9期。丁乙:《周原的建筑遗存与铜器窖藏》,《考古》1982年第4期。徐良高等:《陕西扶风云塘西周建筑基址的初步认识》,《考古》2002年第9期。刘瑞:《陕西扶风云塘、齐镇发现的周代建筑基址研究》,《考古与文物》2007年第3期。郭明:《周原凤雏甲组建筑"宗庙说"质疑》,《中国国家博物馆馆刊》2013年第11期。

225 彭曦:《西周都城无城郭?——西周考古中的一个未解之谜》,《考古与文物》增刊·先秦考古,2002年。

226 徐炳昶等:《陕西调查古迹报告》,《国立北平研究院院务汇报》第4卷6期,1933年。石璋如:《传说中周都的实地考察》,《中央研究院历史语言研究所集刊》第20本下册,1948年。

227 中国科学院考古研究所:《沣西发掘报告》,文物出版社,1962年。胡谦盈:《丰镐地区诸水道的踏察——兼论周都丰镐位置》,《考古》1963年第4期。胡谦盈:《三代都址考古纪实——丰、镐周都的发掘与研究》,中国社会科学出版社,2009年。

228 中国社会科学院考古研究所等:《丰镐考古八十年》,科学出版社,2016年。

229 阿房宫与上林苑考古队:《西安市汉唐昆明池遗址区西周遗存的重要考古发现》,《考古》2013年第11期。

230 中国科学院考古研究所:《沣西发掘报告》,文物出版社,1962年。中国社会科学院考古研究所沣西发掘队:《1976~1978年长安沣西发掘简报》,《考古》1981年第1期。中国社会科学院考古研究所沣西发掘队:《陕西长安沣西客省庄西周夯土基址发掘报告》,《考古》1987年第8期。

231 陕西省考古研究所:《镐京西周宫室》,西北大学出版社,1995年。

232 中国社会科学院考古研究所沣西发掘队:《1967年长安张家坡西周墓葬的发掘》,《考古学报》1980年第4期。中国社会科学院考古研究所:《张家坡西周墓地》,中国大百科全书出版社,1999年。

233 卢连成:《西周丰镐两京考》,《中国历史地理论丛》1988年第3辑。

234 李民:《说洛邑、成周与王城》,《郑州大学学报(哲社版)》1982年第1期。陈公柔:《西周金文中的新邑、成周与王城》,《庆祝苏秉琦考古五十五年论文集》,文物出版社,1989年。王人聪:《令彝铭文释读与王城问题》,《文物》1997年第6期。梁云:《成周与王城考辨》,《考古与文物》2002年第5期。

235 张剑:《洛阳两周考古概述》,《洛阳考古四十年》,科学出版社,1996年。[日]饭岛武次:《洛阳西周时代的遗址与成周、王城》,《考古学研究》(五),科学出版社,2003年。

236 张剑:《洛阳两周考古概述》,《洛阳考古四十年》,科学出版社,1996年。洛阳市文物工作队:《洛阳北窑西周墓》,文物出版社,1999年。洛阳市文物工作队:《洛阳北窑西周车马坑发掘简报》,《文物》2011年第8期。

237 叶万松等:《西周洛邑城址考》,《华夏考古》1991年第2期。

238 刘富良:《洛阳西周陶器墓研究》,《考古与文物》1999年第3期。刘富良等:《西周早期的成周与王城》,《安金槐先生纪念文集》,大象出版社,2005年。

239 杨宽:《中国古代都城制度史研究》第47页,上海古籍出版社,1993年。

240 中国社会科学院考古研究所洛阳汉魏城队:《汉魏洛阳城城垣试掘》,《考古学报》1998年第3期。

241 徐昭峰:《成周与王城考略》,《考古》2007年第11期。

242 梁云:《战国时代的东西差别——考古学的视野》第149页,文物出版社,2008年。

243 刘富良等:《西周早期的成周与王城》,《安金槐先生纪念文集》,大象出版社,2005年。徐昭峰:《成周与王城考略》,《考古》2007年第11期。

244 徐昭峰:《成周与王城考略》,《考古》2007年第11期。

245 梁云:《战国时代的东西差别——考古学的视野》第150-151页,文物出版社,2008年。

246 俞伟超:《东周都城遗址》,《中国大百科全书·考古学》第100页,中国大百科全书出版社,1986年。

247 许宏:《曲阜鲁国故城之再研究》,《先秦城市考古学研究》附录,北京燕山出版社，2000年。

248 山东省文物考古研究所：《临淄齐故城》第214-216页，图一六七、一六八，第538-539页，文物出版社，2013年。

249 许宏：《都邑变迁与商代考古学的阶段划分》，《二十一世纪的中国考古学》，文物出版社，2006年。

250 胡厚宣：《殷墟发掘》，学习生活出版社，1955年。Li Chi, *Anyang*, Seattle: University of Washington Press, 1977. 中文版见李济著，苏秀菊等译：《安阳——殷商古都发现、发掘、复原记》，中国社会科学出版社，1990年。

251 中国社会科学院考古研究所：《殷墟的发现与研究》，科学出版社，1994年。杨锡璋等：《1980年以来殷墟发掘的主要收获》，《中国商文化国际学术讨论会论文集》，中国大百科全书出版社，1998年。

252 中国社会科学院考古研究所：《殷墟的发现与研究》第23、32-33、40-41、47页，科学出版社，1994年。

253 中国社会科学院考古研究所安阳工作队：《河南安阳市洹北商城的勘察试掘》，《考古》2003年第5期。中国社会科学院考古研究所安阳工作队：《河南安阳市洹北商城宫殿区1号基址发掘简报》，《考古》2003年第5期。中国社会科学院考古研究所安阳工作队等：《河南安阳市洹北商城遗址2005～2007年勘察简报》，《考古》2010年第1期。中国社会科学院考古研究所安阳工作队：《河南安阳市洹北商城宫殿区二号基址发掘简报》，《考古》2010年第1期。

254 许宏：《都邑变迁与商代考古学的阶段划分》，《二十一世纪的中国考古学》，文物出版社，2006年。

255 中国社会科学院考古研究所安阳发掘队：《1962年安阳大司空村发掘简报》，《考古》1964年第8期。邹衡：《试论殷墟文化分期》，《北京大学学报（人文科学版）》1964年第4期。

256 郑振香：《论殷墟文化分期及其相关问题》，《中国考古学研究》（一），文物出版社，1986年。中国社会科学院考古研究所：《殷墟的发现与研究》第32-33页，科学出版社，1994年。

257 北京大学历史系考古教研室商周组：《商周考古》第32-36页，文物出版社，

1979 年。

258　夏商周断代工程专家组:《夏商周断代工程 1996~2000 年阶段成果报告（简本）》，世界图书出版公司，2000 年。

259　何毓灵等:《洹北商城十年之回顾》，《中国国家博物馆馆刊》2011 年第 12 期。

260　中国社会科学院考古研究所安阳工作队:《河南安阳市洹北商城的勘察试掘》，《考古》2003 年第 5 期。

261　中国社会科学院考古研究所安阳工作队:《河南安阳市洹北商城的勘察试掘》，《考古》2003 年第 5 期。唐际根:《安阳殷墟宫庙区简论》，《桃李成蹊集：庆祝安志敏先生八十寿辰》，香港中文大学中国考古艺术研究中心，2004 年。

262　成家彻郎:《商代史における洹北商城の位置付け》，《東方》(东京) 第 288 期，2005 年。

263　石璋如:《小屯第一本·遗址的发现与发掘·乙编·殷墟建筑遗存》，"中研院"历史语言研究所，台北，1959 年。

264　邹衡:《试论殷墟文化分期》，《夏商周考古学论文集》，文物出版社，1980 年。张光直:《殷礼中的二分现象》，《中国青铜时代》，生活·读书·新知三联书店，1983 年。唐际根:《洹北商城的发现及其对商代考古研究的影响》，《中国考古学》第四号，日本中国考古学会(福冈)，2004 年。

265　郑振香:《安阳殷墟布局及其相关问题》，《21 世纪中国考古学与世界考古学》，中国社会科学出版社，2002 年。

266　岳洪彬等:《殷墟都邑布局研究中的几个问题》，《三代考古》(四)，科学出版社，2011 年。

267　中国社会科学院考古研究所安阳工作队:《河南安阳市洹北商城的勘察与试掘》，《考古》2003 年第 5 期。

268　袁广阔:《从城墙夯筑技术看早商诸城址的相对年代问题》，《文物》2007 年第 12 期。中国社会科学院考古研究所安阳工作队等:《河南安阳市洹北商城遗址 2005~2007 年勘察简报》，《考古》2010 年第 1 期。

269　岳洪彬等:《殷墟都邑布局研究中的几个问题》，《三代考古》(四)，科学出版社，2011 年。

270 中国社会科学院考古研究所：《殷墟的发现与研究》第40-48页，科学出版社，1994年。

271 杨锡璋：《安阳殷墟西北冈大墓的分期及有关问题》，《中原文物》1981年第3期。彭金章等：《殷墟为武丁以来殷之旧都说》，《中国考古学会第五次年会论文集》，文物出版社，1988年。

272 杨锡璋等：《盘庚迁殷地点蠡测》，《中原文物》2000年第1期。

273 文雨：《洹北花园庄遗址与河亶甲居相》，《中国文物报》1998年11月25日。

274 唐际根等：《洹北花园庄遗址与盘庚迁殷问题》，《中国文物报》1999年4月14日。

275 孟宪武：《安阳殷墟边缘区考古概述》，《安阳殷墟考古研究》，中州古籍出版社，2003年。孟宪武等：《殷墟都城遗址中国家掌控下的手工业作坊》，《殷都学刊》2014年第4期。

276 中国社会科学院考古研究所：《殷墟的发现与研究》第40-48页，科学出版社，1994年。岳洪彬等：《殷墟都邑布局研究中的几个问题》，《三代考古》（四），科学出版社，2011年。

277 何毓灵等：《洹北商城十年之回顾》，《中国国家博物馆刊》2011年第12期。

278 郑若葵：《殷墟"大邑商"族邑布局初探》，《中原文物》1995年第3期。

279 夏商周断代工程专家组：《夏商周断代工程1996~2000年阶段成果报告（简本）》第73页，世界图书出版公司，2000年。

280 孙华：《商代前期的国家政体——从二里岗文化城址和宫室建筑基址的角度》，《多维视域——商王朝与中国早期文明研究》，科学出版社，2009年。

281 王立新：《早商文化研究》，高等教育出版社，1998年。

282 秦小丽：《中国初期王朝国家形成过程中的地域关系——二里头、二里岗时代陶器动态研究》，《古代文明》第2卷，文物出版社，2003年。

283 Robert Bagley. "Chapter3:Shang Archaeology". *The Cambridge History of Ancient China:From the Origins of Civilization to 221B.C.* Cambridge University Press,1999. Wang Haicheng. "China's first empire? Interpreting the material record of the Erligang expansion". *Art and archaeology of the Erligang civilization*,

Tang Center for East Asian art, Department of art and archaeology, Princeton University, 2014.

284 河南省文化局文物工作队：《郑州二里岗》，科学出版社，1959 年。河南省文物考古研究所：《郑州商城——1953～1985 年考古发掘报告》，文物出版社，2001 年。

285 河南省文化局文物工作队第一队：《郑州商代遗址的发掘》，《考古学报》1957 年第 1 期。

286 河南省文化局文物工作队：《郑州二里岗》，科学出版社，1959 年。

287 河南省博物馆等：《郑州商代城遗址发掘报告》，《文物资料丛刊》(1)，文物出版社，1977 年。

288 河南省文物研究所：《郑州商代城内宫殿遗址区第一次发掘报告》，《文物》1983 年第 4 期。宋国定：《1985～1992 年郑州商城考古发现综述》，《郑州商城考古新发现与研究（1985～1992）》，中州古籍出版社，1993 年。

289 河南省文物考古研究所：《郑州商代铜器窖藏》，科学出版社，1999 年。

290 河南省文化局文物工作队：《郑州二里岗》，科学出版社，1959 年。宋国定：《1985～1992 年郑州商城考古发现综述》，《郑州商城考古新发现与研究（1985～1992）》，中州古籍出版社，1993 年。河南省文物考古研究所：《郑州商城外夯土墙基的调查与试掘》，《中原文物》1991 年第 1 期。河南省文物考古研究所：《郑州商城外郭城的调查与试掘》，《考古》2004 年第 3 期。刘彦锋等：《郑州商城布局及外廓城墙走向新探》，《郑州大学学报（哲学社会科学版）》第 43 卷 3 期，2010 年。

291 刘庆柱：《中国古代都城考古学研究的几个问题》，《考古》2000 年第 7 期。许宏：《先秦城市考古学研究》第 83 页，北京燕山出版社，2000 年。张国硕：《夏商时代都城制度研究》第 138 页，河南人民出版社，2001 年。刘莉：《中国早期国家政治格局的变化》，《多维视域——商王朝与中国早期文明研究》，科学出版社，2009 年。

292 河南省文物考古研究所：《郑州商城——1953～1985 年考古发掘报告》第 1-2 页，文物出版社，2001 年。

293 秦文生等：《郑州商城遗址的考古发现与研究述评》，《郑州商城遗址考古研究》，大象出版社，2015年。

294 李维明：《郑州商代（城）遗址分布范围与"二十五平方公里"数值检讨》，《中国文物报》2012年5月11日。

295 河南省文化局文物工作队：《郑州二里岗》，科学出版社，1959年。邹衡：《试论夏文化》，《夏商周考古学论文集》，文物出版社，1980年。安金槐：《关于郑州商代二里岗期陶器分期问题的再探讨》，《华夏考古》1988年第4期。

296 夏商周断代工程专家组：《夏商周断代工程1996~2000年阶段成果报告（简本）》，世界图书出版公司，2000年。

297 这些学者的学术观点，可参阅下列论著。河南省文物考古研究所：《郑州商城——1953~1985年考古发掘报告》，文物出版社，2001年。杨育彬：《再论郑州商城的年代、性质及相关问题》，《华夏考古》2004年第3期。袁广阔等：《论郑州商城内城和外郭城的关系》，《考古》2004年第3期。

298 学者们对于郑州商城性质的推断，可参阅下列论著。邹衡：《试论郑州新发现的殷商文化遗址》，《考古学报》1956年第3期。安金槐：《试论郑州商代城址——隞都》，《文物》1961年第4、5期。邹衡：《郑州商城即汤都亳说》，《文物》1978年第2期。

299 河南省文物研究所：《郑州小双桥遗址的调查与试掘》，《郑州商城考古新发现与研究（1985~1992）》，中州古籍出版社，1993年。河南省文物考古研究所：《郑州小双桥——1990~2000年考古发掘报告》，科学出版社，2012年。

300 宋国定：《郑州小双桥遗址出土陶器上的朱书》，《文物》2003年第5期。

301 陈旭：《商代隞都探寻》，《郑州大学学报》1991年第5期。

302 张国硕：《小双桥商代遗址的性质》，《殷都学刊》1992年第4期。裴明相：《论郑州市小双桥商代前期祭祀遗址》，《中原文物》1996年第2期。杨育彬等：《郑州小双桥商代遗址的发掘及相关问题》，《殷都学刊》1998年第2期。

303 赵芝荃等：《河南偃师商城西亳说》，《全国商史学会讨论会论文集》，《殷都学刊》增刊，1985年。

304 王学荣：《河南偃师"尸乡沟"小议》，《中国文物报》1996年9月22日。

305 中国社会科学院考古研究所:《偃师商城(第一卷)》,科学出版社,2013年。杜金鹏等主编:《偃师商城遗址研究》,科学出版社,2004年。中国社会科学院考古研究所河南第二工作队:《河南偃师商城西城墙2007与2008年勘探发掘报告》,《考古学报》2011年第3期。

306 杜金鹏:《偃师商城与"夏商周断代工程"》,《偃师商城初探》,中国社会科学出版社,2003年。

307 王学荣:《偃师商城"宫城"之新认识》,《中国商文化国际学术讨论会论文集》,中国大百科全书出版社,1998年。

308 王学荣:《偃师商城布局的探索和思考》,《考古》1999年第2期。

309 杜金鹏:《偃师商城与"夏商周断代工程"》,《偃师商城初探》,中国社会科学出版社,2003年。

310 中国社会科学院考古研究所:《中国考古学·夏商卷》,中国社会科学出版社,2003年。

311 杜金鹏:《偃师商城初探》,中国社会科学出版社,2003年。中国社会科学院考古研究所河南第二工作队:《偃师商城第Ⅱ号建筑群遗址发掘简报》,《考古》1995年第11期。

312 中国社会科学院考古研究所:《中国考古学·夏商卷》,中国社会科学出版社,2003年。

313 张雪莲等:《关于夏商周碳十四年代框架》,《华夏考古》2001年第3期。

314 夏商周断代工程专家组:《夏商周断代工程1996~2000年阶段成果报告(简本)》第62-73页,世界图书出版公司,2000年。

315 赵芝荃等:《河南偃师商城西亳说》,《全国商史学术讨论会论文集》,《殷都学刊》增刊,1985年。安金槐等:《偃师商城若干问题的再探讨》,《考古》1998年第6期。

316 邹衡:《论汤都郑亳及其前后的迁徙》,《夏商周考古学论文集》,文物出版社,1980年。邹衡:《偃师商城即太甲桐宫说》,《北京大学学报(哲学社会科学版)》1984年第4期。郑杰祥:《关于偃师商城的年代和性质问题》,《中原文物》1984年第4期。陈旭:《关于偃师商城与郑州商城的年代问题》,《郑州大学学报（哲社版）》1985年第4期。李伯谦：《二里头类型的文化性质与族属问题》，《文物》1986年第6期。

317 张文军等：《关于偃师尸乡沟商城的考古学年代及相关问题》，《青果集》，知识出版社，1993年。许顺湛：《中国最早的"两京制"——郑亳与西亳》，《中原文物》1996年第2期。张国硕：《郑州商城与偃师商城并为亳都说》，《考古与文物》1996年第1期。

318 夏商周断代工程专家组：《夏商周断代工程1996～2000年阶段成果报告（简本）》，世界图书出版公司，2000年。

319 杜金鹏：《偃师商城初探》，中国社会科学出版社，2003年。中国社会科学院考古研究所：《中国考古学·夏商卷》第205页，中国社会科学出版社，2003年。

320 河南省文物考古研究所：《郑州商城——1953～1985年考古发掘报告》，文物出版社，2001年。

321 河南省文物考古研究所等：《郑州商代铜器窖藏》，科学出版社，1999年。

322 Li Liu and Xingcan Chen, 2003, *State Formation in Early China*. Gerald Duckworth and Co. Ltd., London, p. 101. 张国硕：《夏商时代都城制度研究》第76-78页，河南人民出版社，2001年。

323 郑州市文物考古研究院：《望京楼二里岗文化城址初步勘探和发掘简报》，《中国国家博物馆馆刊》2011年第10期。

324 郑州市文物考古研究院：《河南新郑望京楼二里岗文化城址东一城门发掘简报》，《文物》2012年第9期。

325 郑州市文物考古研究院：《河南新郑望京楼二里岗文化城址东一城门发掘简报》，《文物》2012年第9期。

326 吴倩等：《望京楼夏商城址考古新发现》，《华夏都城之源》，河南人民出版社，2012年。

327 郑州市文物考古研究所：《郑州大师姑（2002～2003）》，科学出版社，2004年。

328 杨贵金等：《焦作市府城古城遗址调查报告》，《华夏考古》1994年第1期。袁广阔等：《河南焦作府城遗址发掘报告》，《考古学报》2000年第4期。

329 中国历史博物馆考古部等：《垣曲商城（1985～1986年度勘察报告）》，科学出版社，1996年。中国国家博物馆考古部：《垣曲盆地聚落考古研究》，科学出版社，2007年。佟伟华：《垣曲商城兴衰始末》，《考古学研究》（十），科学出版社，2012年。

330 佟伟华：《商代前期垣曲盆地的统治中心——垣曲商城》，《中国历史博物馆馆刊》1998年第1期。

331 中国社会科学院考古研究所等：《夏县东下冯》，文物出版社，1988年。

332 杭侃：《夏县东下冯的圆形建筑浅析》，《中国文物报》1996年6月2日。程平山等：《东下冯商城内圆形建筑基址性质略析》，《中原文物》1998年第1期。

333 刘莉等：《城：夏商时期对自然资源的控制问题》，《东南文化》2000年第3期。

334 赵春燕：《东下冯遗址圆形建筑土壤的化学成分分析》，《考古学集刊》第18集，科学出版社，2010年。

335 刘莉等：《中国早期国家的形成——从二里头和二里岗时期的中心和边缘之间的关系谈起》，《古代文明》第1卷，文物出版社，2002年。

336 湖北省文物考古研究所：《盘龙城——1963~1994年考古发掘报告》，文物出版社，2001年。

337 杨鸿勋：《从盘龙城商代宫殿遗址谈中国宫廷建筑发展的几个问题》，《文物》1976年第2期。

338 刘森淼：《盘龙城外缘带状夯土遗迹的初步认识》，《武汉城市之根——商代盘龙城与武汉城市发展研讨会论文集》，武汉出版社，2002年。

339 蒋刚：《湖北盘龙城遗址群商代墓葬再探讨》，《四川文物》2005年第3期。李丽娜：《试析湖北盘龙城遗址第一至第三期文化遗存的年代和性质》，《江汉考古》2008年第1期。向桃初：《二里头文化向南方的传播》，《考古》2011年第10期。

340 湖北省文物考古研究所：《盘龙城——1963~1994年考古发掘报告》第448页，文物出版社，2001年。

341 中国社会科学院考古研究所：《中国考古学·夏商卷》第233-234页，中国社会科学出版社，2003年。

342 邹衡：《试论夏文化》，《夏商周考古学论文集》第126页，文物出版社，1980年。

343 盛伟：《盘龙城遗址废弃的年代下限及相关问题》，《江汉考古》2011 年第 3 期。

344 蒋刚：《盘龙城遗址群出土商代遗存的几个问题》，《考古与文物》2008 年第 1 期。

345 刘莉等：《城：夏商时期对自然资源的控制问题》，《东南文化》2000 年第 3 期。

346 冈村秀典：《中国文明：農業と禮制の考古学》第 207 页，京都大学学术出版会，2008 年。

347 孙华：《商代前期的国家政体——从二里岗文化城址和宫室建筑基址的角度》，《多维视域——商王朝与中国早期文明研究》，科学出版社，2009 年。

348 刘莉：《中国早期国家政治格局的变化》，《多维视域——商王朝与中国早期文明研究》，科学出版社，2009 年。

349 许宏：《何以中国——公元前 2000 年的中原图景》，生活·读书·新知三联书店，2014 年。

350 徐旭生：《1959 年夏豫西调查"夏墟"的初步报告》，《考古》1959 年第 11 期。

351 夏鼐：《新中国的考古学》，《考古》1962 年第 9 期。夏鼐：《碳—14 测定年代和中国史前考古学》，《考古》1977 年第 4 期。

352 徐旭生：《1959 年夏豫西调查"夏墟"的初步报告》，《考古》1959 年第 11 期。

353 中国社会科学院考古研究所：《偃师二里头（1959～1978 年考古发掘报告）》，中国大百科全书出版社，1999 年。中国社会科学院考古研究所：《中国考古学·夏商卷》，中国社会科学出版社，2003 年。杜金鹏等主编：《偃师二里头遗址研究》，科学出版社，2006 年。中国社会科学院考古研究所：《二里头（1999～2006）》，文物出版社，2014 年。

354 许宏等：《二里头遗址聚落形态的初步考察》，《考古》2004 年第 11 期。

355 中国社会科学院考古研究所：《二里头（1999～2006）》，文物出版社，2014 年。

356 许宏：《最早的中国》，科学出版社，2009 年。

357 许宏：《略论二里头时代》，《2004 年安阳殷商文明国际学术研讨会论文集》，中国社会科学出版社，2004 年。许宏：《何以中国——公元前 2000 年的中原图景》，生活·读书·新知三联书店，2014 年。

358 北京大学震旦古代文明研究中心等：《新密新砦——1999～2000 年田野考古发

掘报告》，文物出版社，2008年。中国社会科学院考古研究所河南新砦队等：《河南新密市新砦遗址东城墙发掘简报》，《考古》2009年第2期。赵春青：《新砦聚落考古的实践与方法》，《考古》2009年第2期。

359 有关环壕的发现，可参阅下列报告和简报。郑州市文物考古研究所等：《河南巩义市花地嘴遗址"新砦期"遗存》，《考古》2005年第6期。河南省文物考古研究所等：《河南平顶山蒲城店遗址发掘简报》，《文物》2008年第5期。北京大学考古学系等：《驻马店杨庄：中全新世淮河上游的文化遗存与环境信息》，科学出版社，1998年。郑州市文物考古研究所：《郑州大师姑（2002～2003）》，科学出版社，2004年。北京大学考古文博学院等：《登封王城岗考古发现与研究（2002～2005）》，大象出版社，2007年。郑州大学历史文化遗产保护研究中心：《登封南洼——2004～2006田野考古报告》，科学出版社，2014年。中国社会科学院考古研究所等：《夏县东下冯》，文物出版社，1988年。

360 李宏飞：《二里头文化设防聚落的环壕传统》，《中国国家博物馆馆刊》2011年第6期。

361 郑州市文物考古研究所：《郑州大师姑（2002～2003）》，科学出版社，2004年。顾万发等：《夏商周考古的又一重大收获 河南郑州东赵遗址发现大中小三座城址、二里头祭祀坑和商代大型建筑遗址》，《中国文物报》2015年2月27日。张松林等：《新郑望京楼发现二里头文化和二里岗文化城址》，《中国文物报》2011年1月28日。河南省文物考古研究所等：《河南平顶山蒲城店遗址发掘简报》，《文物》2008年第5期。

362 许宏等：《关于二里头遗址的省思》，《文物》2008年第1期。

363 杜金鹏：《偃师二里头遗址都邑制度研究》，《夏商周考古学研究》，科学出版社，2007年。

364 甘肃省文物考古研究所：《秦安大地湾》，文物出版社，2006年。苏秉琦主编：《中国通史·第二卷（远古时代）》第256页，上海人民出版社，1994年。

后　记

"大都无城"的概念，萌生于我二十年前撰写博士学位论文时的观察与思考。二里头至西周时代都邑的聚落形态，与之前的龙山时代、之后的春秋战国时代的城址林立形成了鲜明的对比，予人以深刻的印象。但当时的学术视域限于先秦，只能得出早期都邑城垣或有或无的粗浅结论。当我们把视野下移，及于秦代两汉，再与更后的古代都邑相比较，"大都无城"这一中国早期都邑乃至社会层面的特质，就昭然若揭了。

然而长期以来，把城垣看作纵贯中国古代都邑之始终的标志物和必要条件的观点，影响甚巨。这就难怪有年轻朋友认为"大都无城"的提法，具有相当的"颠覆性"了。但读了这本小书，读者朋友可以知道这并非标新立异之说，只是对中国古代都邑遗存显现出的某种现象的一个提示，对都邑发展阶段性特质的归纳和提炼而已。它由具体的考古资料支撑，是否能够成立，还要靠读者来检核指谬。从考古材料出发进行独立的分析思考，是我最想与读者诸君共勉的。

2000年，拙著《先秦城市考古学研究》一书出版。在撰写博士学位论文期间以及其后的工作实践中，我愈益感到"总平面图式"分析都邑遗址的局限性,因而一直在呼吁动态解读的理念。如果说二里头遗址中心区的田野工作是这种理念的现地实践的话,那么对曲阜鲁城、燕下都直到这本小书所囊括的先秦秦汉主要都邑的重新梳理,就是综合研究层面上的一种践行。大家会注意到某些都邑遗址分见于不同的章节(时段),其布局在发生变化,包括城郭的有无。可以说,这本小书的使命,就是要勾画出一处处早期都邑多彩生命史的轨迹。

本书力图从对每处都邑的动态解读,引向对整个中国古代都城发展史的动态解读。而这些,又都建基于学术界由浅入深的、动态的都邑考古探索轨迹和心路历程。从书中介绍的对各个都邑具体演化过程的分析梳理,我们可以感知动态解读的理念已逐渐深入人心,这是足以让人感到欣慰的。在此更要感谢诸多田野考古资料和相关研究成果的提供者,这是"大都无城"这一学术概念的立论前提。

"大都无城"概念的明晰化,始于2013年年初。当时我在日本京都召开的"东亚都城的比较探索国际公开研究会"上有一个发言,名为《从城址林立到大都无城——中国初期城市发展阶段论》。正是当时日本山口大学马彪教授和我的同事石自社副研究员的肯定鼓励和相互切磋,才有了后来的论文《大都无城——论中国古代都城的早期形态》(《文物》2013年第10期)和这本小书。这是我要深深感谢的。

写作过程中,严志斌、徐良高、付仲杨、谷飞、陈国梁、岳洪彬、何毓灵、田亚岐、刘延常、韩辉等同仁和李翔同学提供的图文资料或修改建议,葛韵、李宏飞同学绘制并惠允先期使用的分期组图等，都为本书增色不少。在此谨致诚挚的谢意。另外，本书引用的线图、图版，有的做了修改、调整或重新组合，对原作者及原图绘制者也一并致谢。

为行为简明，全书在提及学者时省略了敬称，敬希海涵。

这是责编曹明明女士编辑的我的第三本小书，在这些书从酝酿到问世的时光里，我们有着多年愉快的合作。此次，三联书店领导和明明女士又宽容了我的"任性"——用倒叙的写法来展开中国古都的画卷；海量图片的编排、彩版的使用等，都颇为用心。感谢他（她）们为这书的好看付出的辛劳。

最后想提及的是，是恩师徐苹芳先生带我走进了中国古代城市考古之门，他的学术思想和治学方法深深地影响了我。值先生仙逝五周年之际，谨以这本小书作为粗浅的研究心得，奉献给敬爱的恩师。

许 宏

2014 年 9 月初稿

2015 年 3 月再稿

2016 年元月改定